中外文**稀有版本**文献

《路德维希·费尔巴哈和德国古典哲学的终结》

⑤

费尔巴哈论

【德】弗里德里希·恩格斯 ◎ 著

彭嘉生 ◎ 译

《路德维希·费尔巴哈和德国古典哲学的终结》的出版与传播

（代序）

马克思主义的产生和发展一直离不开翻译，它同形形色色的错误思潮进行斗争的过程同样离不开翻译。马克思主义奠基人（尤其是恩格斯）极为重视翻译工作，认为这是一项意义重大的革命工作，"马克思的理论正是在目前对社会主义运动产生着巨大的影响"①，然而，只有准确翻译出版马克思的著作，才能帮助剔除掉社会主义运动中错误思潮对工人的影响，比如恩格斯打算出版《资本论》的法译本，目的就是希望"使法国人摆脱蒲鲁东用对小资产阶级的理想化把他们引入的谬误观点"②。恩格斯同样重视马克思主义著作的翻译，"最近十年国际社会主义文献的巨大增长，特别是马克思和我以前的著作的译本的数量"的增长，认为这些"文献的增加……是国际工人运动本身相应发展的一个象征"。③ 因此，梳理《路德维希·费尔巴哈和德国古典哲学的终结》（简称《费尔巴哈论》）的翻译出版对于了解和掌握社会主义运动的发展和马克思主义的传播情况具有重要意义。

---

① 《马克思恩格斯文集》第5卷，北京：人民出版社2009年版，第34页。
② 《马克思致路德维希·毕希纳（1867年5月1日）》，《马克思恩格斯全集》第31卷，北京：人民出版社1972年版，第546页。
③ 《资本论》第3卷，《马克思恩格斯文集》第7卷，北京：人民出版社2009年版，第3页。

一 《费尔巴哈论》的最初出版和译介

《路德维希·费尔巴哈和德国古典哲学的终结》及其序言是恩格斯晚年时期最重要的著作之一。恩格斯在1886年初接受《新时代》杂志社约稿，以德文写了一篇关于施达克《路德维希·费尔巴哈》的书评。这篇长篇的书评发表在1886年《新时代》杂志第4期和第5期。时隔两年之后，为了便于阅读和传播，恩格斯又于1888年在斯图加特出版单行本，并且给这个单行本写了序言。

这个小册子甫一出版就受到了同情和信仰马克思主义的人（尤其是那些理论家兼革命家）的关注。《费尔巴哈论》出版后不久，法国人就开始关注这个小册子。1894年，巴黎的杂志《新纪元》第4期和第5期上刊登了劳拉·拉法格翻译并经恩格斯审阅过的译文。恩格斯对这个小册子的整个翻译过程都给予了关注。在翻译过程中，恩格斯就给左尔格写信说："劳拉·拉法格正在把我的《费尔巴哈》译成法文，而且即将在巴黎出版。"① 此外，恩格斯还把这件事情告诉了考茨基，并对这个译本给予了高度评价："劳拉·拉法格正在把我的《费尔巴哈》译成法文供《新纪元》发表和以后出单行本，狄茨知道这件事定很高兴。前一半我已看过。她的译文忠实而流畅。"②

除了上述译本，《费尔巴哈论》陆续出版了不同语言的译本，它们分别是：（1）1890年，这个小册子的波兰文版翻译出版；（2）1892年，这本书出版了保加利亚文译本；（3）同一年，葡萄牙译本问世。③

---

① 恩格斯：《致弗里德里希·阿道夫·左尔格（1893年12月30日）》，《马克思恩格斯全集》第39卷，北京：人民出版社1974年版，第184页。值得注意的是，我们一般将《路德维希·费尔巴哈和德国古典哲学的终结》简称为《费尔巴哈论》，而恩格斯似乎将之简称为《费尔巴哈》。实际上，我们在后文中还会看到，不同的人对这部著作的简称不尽相同，因此我们在阅读与之相关的文献时要注意这一点。

② 恩格斯：《致卡尔·考茨基（1894年1月9日）》，《马克思恩格斯全集》第39卷，北京：人民出版社1974年版，第190页。

③ 参见《马克思恩格斯文集》第4卷，北京：人民出版社2009年版，第603页，注释168。

然而尽管恩格斯在写《费尔巴哈论》时居住在伦敦，但这本非常重要的小册子的英译本出现得比较晚。根据资料显示，《费尔巴哈论》最早是在1917年翻译成英文的，题目是《费尔巴哈：社会主义哲学的根源》。完整的英译本最早出现在1941年，译者是刘易斯，他还写了评论性导言。截至目前，这个小册子共有四个完整的英文译本，它们分别是1936年杜德编辑出版的收录了马克思和恩格斯关于辩证唯物主义的其他材料的伦敦和纽约版、1941年的纽约版、1946年拉斯克编的莫斯科和伦敦版，以及1950年的莫斯科版（这个版本包括马克思的《关于费尔巴哈的提纲》）。①

尽管处在遥远的东方，日本在马克思主义著作的译介方面并不逊于某些西方国家。《费尔巴哈论》的最早日文本于1927年就已经出现，这在某种程度上不但推动了日本马克思主义的发展，而且还有助于中国马克思主义思想的引介和传播。②

二 《费尔巴哈论》在俄国的传播

作为世界上第一个社会主义国家，单独研究《费尔巴哈论》在俄国的译介出版具有特别的意义。根据已有的文献资料，我们能够判断这

---

① Feuerbach, *The Roots of the Socialist Philosophy*, Translated with a critical introduction by Austin Lewis, Chicago: Charles H.Kerr & Co., 1916. 几个完整的译本分别是：（1）*Ludwig Feuerbach and the Outcome of Classical German Philosophy*, With an appendix of other material of Marx and Engels relating to dialectical materialism, Edited by C.P.Dutt, London: Lawrence & Wishart, 1936; New York: International Publishers Co., 1970.（2）*Ludwig Feuerbach and the Outcome of Classical German Philosophy*, New York: International Publishers, 1941.（3）*Ludwig Feuerbach and the Outcome of Classical German Philosophy*, Edited by I.B.Lasker; Moscow: Foreign Languages Publishing House, 1946; London: Lawrence & Wishart, 1947.（4）*Ludwig Feuerbach and the End of Classical German Philosophy*, Moscow: Foreign Languages Publishing House, 1950; Moscow: Progress Publishers, 1969. 这些版本的信息参见尤班克斯编：《马克思恩格斯著作目录和马克思主义参考书目》，北京：书目文献出版社1987年版，第44—45页。

② 关于日文本最早出现年份的判断，本文转引自韩立新：《"日本马克思主义"：一个新的学术范畴》，见〔日〕望月清司：《马克思历史理论的研究》，韩立新译，北京：北京师范大学出版社2009年版，"总序"第3页。关于日本马克思主义对中国马克思主义的影响参见下文第四章第三节的相关内容和注释。

个本子最早受到关注并试图传入的国家之一就是俄罗斯。1889年，《费尔巴哈论》的俄译文就在圣彼得堡的《北方通报》杂志（第3期和第4期）上发表了，不过题目改成了"德国古典唯心主义哲学的危机"，遗憾的是，在发表的过程中，杂志没有标明作者，仅仅是在文章下面注上了译者格·弗·李沃维奇的署名"格·李·"。关于这个版本与马克思主义之间的关系我们无从考证，但之后几乎所有的译本都与马克思主义组织和马克思主义的传播有关。

（一）劳动解放社与《费尔巴哈论》翻译出版

我们知道，普列汉诺夫的译本是比较早的，而且也是比较权威的译本。1892年《劳动解放社》在日内瓦用单行本出版了由格·瓦·普列汉诺夫翻译的全译文。与众不同的是，普列汉诺夫在把弗·恩格斯德文版的《路德维希·费尔巴哈和德国古典哲学的终结》译成俄文后，在出版时附加上了序言和注释，这个序言就是《译者的话》，注释则包括两部分，即："普列汉诺夫为恩格斯《费尔巴哈与德国古典哲学的终结》一书俄译本第一版所写的注释"和"原校订本第一版的注释"。① 他所附加的序言和注释对于我们准确把握马克思主义有着非常重要的作用。但普列汉诺夫的《费尔巴哈论》俄译本之所以能够产生巨大影响，是因为俄国的马克思主义者是在有组织地翻译马克思和恩格斯的著作，而这个组织就是劳动解放社。

劳动解放社，俄国的第一个马克思主义组织，于1883年9月25日在日内瓦成立，于1903年解散。这个组织成立伊始就发表了普列汉诺夫起草的被视为劳动解放社成立宣言的文章《关于出版〈现代社会主义丛书〉问题》，其中明确指出俄国"革命的知识分子首先要确立现代社会主义世界观"，但当时的社会主义出版物"很难满足"这一要求，

---

① 《普列汉诺夫为恩格斯〈费尔巴哈与德国古典哲学的终结〉一书俄译本第一版所写的序言（〈译者的话〉）和注释》，载《普列汉诺夫哲学著作选集》第1卷，北京：生活·读书·新知三联书店1961年版，第502—563页。

因此它开始着手出版《现代社会主义丛书》①,开始"系统地传播马克思和恩格斯的著作"。②

普列汉诺夫认为,《现代社会主义丛书》是一种新的尝试,并提出了自己的主要任务:"(1)通过把马克思和恩格斯学派最重要的著作(注意到不同修养程度的读者需要一些原著)译成俄文的方式,传播科学社会主义思想。(2)从科学社会主义观点和俄国劳动人民的利益出发,批判在我们革命者中间占统治地位的学说,并深入研究俄国社会生活中的最重要的问题。"③ 劳动解放社在组织翻译马克思和恩格斯著作的过程中得到了恩格斯的大力支持和高度评价。恩格斯不但推荐可以优先翻译的著作,替译者解答问题,而且答应对某些著作的翻译给予一切帮助。恩格斯对劳动解放社以及它翻译的自己和马克思的著作最初的俄译本给予了很高评价,认为劳动解放社是"他能够把自己和马克思的著作委托出版的唯一的侨外俄国革命团体"④。

在《现代社会主义丛书》中,劳动解放社选译的重要著作包括《费尔巴哈论》。⑤ 列·阿·列文认为,《现代社会主义丛书》中选译著作的质量比较高,而且这些译本对俄国的社会主义革命运动具有重要意义。此外,这套丛书还有一个优点——"附有译者的序言和注释",但他又认为,"在很多序言和注释中存在严重的错误"。他专门指出,普

---

① 〔俄〕普列汉诺夫:《关于劳动解放社的三篇史料·关于出版〈现代社会主义丛书〉问题》,载《世界历史》1983年第5期,第91页。
② 周邦:《"劳动解放社"的历史地位和作用》,载《国际共运史研究资料》1983年第2期,第30页。
③ 《格·瓦·普列汉诺夫遗著》第8卷第1册,1940年莫斯科版,第29页。另参见《关于出版〈现代社会主义丛书〉问题》以及列文的《马克思恩格斯著作的发表和出版》,周维译,北京:生活·读书·新知三联书店1976年版,第135页。
④ 《格·瓦·普列汉诺夫遗著》第8卷第1册,1940年莫斯科版,第29页。另参见《关于出版〈现代社会主义丛书〉问题》以及列文的《马克思恩格斯著作的发表和出版》,周维译,北京:生活·读书·新知三联书店1976年版,第136页。
⑤ 另外还有4本书,即恩格斯的《社会主义从空想到科学的发展》(1884年、1892年、1902年)、马克思的《关于自由贸易的演说》(1885年)、马克思的《哲学的贫困》(1886年)和恩格斯的《论俄国的社会问题》(1894年)。马克思和恩格斯的这5本著作分别是由普列汉诺夫和查苏利奇翻译完成的,前者翻译的是《关于自由贸易的演说》和《费尔巴哈论》,其余由查苏利奇翻译完成。

列汉诺夫给《费尔巴哈论》写的序言就有观点和立场上的错误，比如他认为普列汉诺夫提到的"象形文字论"就具有"康德主义的符号论"色彩，它是对"马克思主义的认识论"的修正。①

应该说，正是由于劳动解放社，马克思和恩格斯的著作才通过普列汉诺夫等人得到了通俗解释，推动了俄国马克思主义的产生和发展。列宁对此评价道："俄国的马克思主义是在十九世纪八十年代初期的一个侨民团体（劳动解放社）的著作中产生的。"② 这个团体则成了俄国"科学社会主义的奠基者、代表者和最忠实的捍卫者"③，它的理论活动为俄国的社会民主主义运动的发展和工人阶级政党的建立扫清了道路，因而在列宁看来它"在理论上为社会民主主义奠定了基础"，"走了迎接工人运动的第一步"。④

（二）第一次俄国革命时期《费尔巴哈论》的译介和传播

在劳动解放社解散之后，俄国紧接着进入了第一次革命时期（1905—1907 年）。列文认为，这一时期是"在俄国出版和传播马克思和恩格斯著作方面的新的标志"，由于革命形势的发展，政府逐渐放开管制，开始允许在俄国刊印马克思主义的著作。⑤ 在这一时期，马克思主义著作的翻译出版出现了一些新特征，除了像布尔什维克这样的马克思主义者出版马克思和恩格斯的著作，孟什维克也开始关注这一领域。一般来说，在此期间，马克思恩格斯的著作出版在俄国经历了三个阶段："（1）国外阶段，（2）受到审查阶段，（3）不受审查阶段。"⑥

---

① 参见〔苏〕列文：《马克思恩格斯著作的发表和出版》，周维译，北京：生活·读书·新知三联书店 1976 年版，第 133—134 页。
② 《列宁全集》第 15 卷，北京：人民出版社 1959 年版，第 367 页。
③ 周邦：《"劳动解放社"的历史地位和作用》，载《国际共运史研究资料》1983 年第 2 期，第 36 页。
④ 《列宁全集》第 20 卷，北京：人民出版社 1958 年版，第 275 页。
⑤ 〔苏〕列文：《马克思恩格斯著作的发表和出版》，周维译，北京：生活·读书·新知三联书店 1976 年版，第 135、154 页。
⑥ 〔苏〕列文：《马克思恩格斯著作的发表和出版》，周维译，北京：生活·读书·新知三联书店 1976 年版，第 160 页。

在第一个阶段（即国外阶段）的 1905 年 7 月，孟什维克编辑出版了一套《科学社会主义丛书》，其中包括恩格斯的《费尔巴哈论》。根据列文的看法，这一版本仍是普列汉诺夫翻译，并新加了长篇序言，扩充了注释，因此是一个相对完整的版本。但是由于普列汉诺夫与孟什维克主义发展的密切关联，所以他的序言和注释中包含着严重的错误，比如，他"把马克思和恩格斯的唯物主义解释成为独特的斯宾诺莎主义"，并对革命中无产阶级的领导权和领袖（即列宁）进行了攻击。然而，随着革命的失败，马克思和恩格斯的个别著作开始被取缔，其中包括恩格斯的《费尔巴哈论》。因而，被保留下来的主要是 1905 年以前的版本。①

（三）苏维埃建立后《费尔巴哈论》的翻译出版

随着十月革命的胜利和苏维埃制度的建立，在苏联党和国家领导人的关心下②，马克思和恩格斯著作的研究、译介和出版传播进入了一个新阶段，苏联不但建立了世界上第一个马克思恩格斯列宁学院，而且对其著作的出版更具规模。当时，国家给马克思恩格斯列宁学院及其杰出的领导人、著名马克思主义文献学家梁赞诺夫规定的任务是"收集、保存、研究和科学地发表马克思、恩格斯……的遗著"③。

为此，马恩学院建立了一个科学图书馆，并于 1923—1926 年间开始拍摄保存在德国社会民主党档案中保存的马克思恩格斯手稿和书信的原件。在广泛收集资料的基础上，马恩（列）研究院在 1928 年开始出版《马克思恩格斯全集》（俄文版第一版）以及《马克思恩格斯文库》

---

① 〔苏〕列文：《马克思恩格斯著作的发表和出版》，周维译，北京：生活·读书·新知三联书店 1976 年版，第 167、161 页。

② 比如，列宁早在 1921 年就询问梁赞诺夫关于马克思恩格斯的书信和著作的收集情况："你们图书馆里有没有从**各种报纸**和某些杂志上**搜集**来的马克思恩格斯的**全部书信**？……有没有**全部书信的目录**？" 2 月 2 日，列宁再次给梁赞诺夫写信："……（5）我们有没有希望在莫斯科收集到马克思和恩格斯发表过的**全部材料**？（6）**在这里已经收集到的材料**有没有目录？（7）马克思和恩格斯的书信（或复印件）由我们来收集，此议是否可行？"参见《列宁全集》第 50 卷，北京：人民出版社 1988 年版，第 107 页。

③ 〔苏〕列文：《马克思恩格斯著作的发表和出版》，周维译，北京：生活·读书·新知三联书店 1976 年版，第 172 页。

（并不是 MEGA¹），后者主要收录的是马克思恩格斯之前没有发表过的原始文献。① 在苏联，马克思恩格斯著作的出版随着社会形势的变化不断变化，但苏维埃俄国始终重视马克思恩格斯等著作的出版。1933 年，苏联又出版了两卷本的《马克思恩格斯文选》，其主要收录的是"主要的（篇幅不大的）著作"，《费尔巴哈论》被收录于第一卷。

1948 年，国家政治书籍出版社出版了《费尔巴哈论》，其中收录了马克思的《关于费尔巴哈的提纲》。列文认为，这是一个最准确的版本，因为普列汉诺夫之前的译本已经根据德文原文进行了校订和修改。②

《费尔巴哈论》在《马克思恩格斯全集》俄文版的第一版和第二版中均被收录。在俄文版第一版中，它被收录于第 14 卷第 633—678 页，在第二版中被收录于第 21 卷第 267—317、370—371 页。

三 《费尔巴哈论》在国内的译介和传播

在 19 世纪末 20 世纪初，中国面临亡国灭种的大危机，如何走出这种危机，实现民族复兴，几乎成了近现代志士仁人的共同目标。经过数十年的探索，他们认识到只有开启民智、启蒙民众，才能实现救国之目标。毫无疑问，翻译介绍西方思潮是实现启蒙和救亡双重目的的重要途径。梁启超先生在《论译书》中写道："苟其处今日之天下，则必以译书为强国第一义，昭昭然也！"③ 实际上，在中国翻译史上占据重要地位、对中国翻译确定了标准的严复早就认识到了这一点，他指出："然终谓民智不开，则守旧维新两无一可。即使朝廷今日不行一事，抑所为皆非，但令在野之人后生英俊洞识中西实情者日多一日则炎黄种类未必

---

① 〔苏〕列文：《马克思恩格斯著作的发表和出版》，周维译，北京：生活·读书·新知三联书店 1976 年版，第 174—175 页。
② 〔苏〕列文：《马克思恩格斯著作的发表和出版》，周维译，北京：生活·读书·新知三联书店 1976 年版，第 201 页。
③ 梁启超：《论译书》，见《翻译研究论文集（1894—1948 年）》，北京：外语教学与研究出版社 1999 年版，第 10 页。

遂至沦胥；即不幸暂被羁縻，亦将有复苏之一日也。所以屏弃万缘，惟以译书自课。"① 在整个西学东渐的思想大潮和救亡图存的过程中，由于马克思主义的科学性以及在实践上取得的胜利，马克思主义经典著作的翻译同样受到了重视。而在马克思主义所有的经典著作中，恩格斯的《费尔巴哈论》成了最受关注且译本最多的著作之一。

（一）新中国成立前《费尔巴哈论》的中文版本

尽管在新中国成立前还没有国家作为后盾来支持马克思和恩格斯著作的翻译，但他们的著作仍然有不少人感兴趣，而且在某种程度上还不自觉地形成了一种"百花齐放"的局面。恩格斯的《费尔巴哈论》就有多个译本。兹根据出版时间列举如下：

最早的应该是彭嘉生先生的译本，上海南强书局于1929年初出版，书名为《费尔巴哈论》。② 这是一个非常完整的译本，附有恩格斯序言，而且译者在翻译过程中给四章分别加上了小标题："从黑格尔到费尔巴哈""观念论与唯物论""费尔巴哈的宗教哲学及伦理学"和"辩证法的唯物论"。此外，这个译本还有两点值得注意。一是它在附录中增加了五篇文献：（1）马克思的《费尔巴哈论纲》③，（2）恩格斯的《费尔巴哈论》补遗④，（3）恩格斯的《史的唯物论》⑤，（4）马克思的《法兰西唯物史论》⑥，（5）恩格斯的《马克思的唯物论及辩证法》⑦。二是它在正文前附上了董克尔撰写的《编者序言》（写于1927年2月），在

---

① 严复：《严复集》第三册，北京：中华书局1986年版，第525页。
② 有的研究文献认为，《费尔巴哈论》最早的中译本是林超真的译本（该译本的详细情况见下文），但根据笔者的考察，这里似乎存在一些误解。真正的译本应该是彭嘉生的译本。
③ 即马克思版本的《关于费尔巴哈的提纲》。——编者注
④ 编者未能考察出这部分的准确出处。
⑤ 根据译者的注释，这部分取自《社会主义从空想到科学的发展》（译者名之为《从空想到科学的社会主义底发展》）英文本1892年的序言。参见恩格斯：《费尔巴哈论》，彭嘉生译，上海：上海南强书局1929年版，第146页。
⑥ 即《神圣家族》中的"对法国唯物主义的批判的战斗"部分。
⑦ 根据译者的注释，这部分是从马克思的《经济学批判》的评论（1895年）中抄录出来的，但译者又指出恩格斯将这一评论发表于1859年《大众》（Das Volk）上。显然，这解释存在着矛盾，因此，我们也未能完全判断出这一部分的准确出处，以后有待继续考证之。

书后附有译者后记（写于 1929 年 12 月）。这个译本是根据法国人赫尔曼·董克尔（Hermann Duncker）编辑的德文本翻译的，同时参照了英译本和日译本。① 这个译本分别在 1932 年和 1935 年进行了再版。中共中央马克思恩格斯列宁斯大林著作编译局（以下简称为"中央编译局"）图书馆收藏了该译本。②

同年 12 月出版了林超真的译本，其书名接近原书，为《费儿巴赫与德国古典哲学的末日》，而且附有恩格斯的序言、普列汉诺夫的序言（俄文本第二版序）以及《关于费尔巴哈的提纲》。③ 这个译本载于《宗教·哲学·社会主义》。这个译本是根据拉法格等人翻译的法译本翻译过来的④，而且译者在翻译时没有参考恩格斯的德文原文，只有部分内容与俄文进行了对照。

第三个译本是向省吾翻译，书名为《费尔巴哈与古典哲学的终末》。这个译本是全译文，但没有收录序言，该译本由上海江南书局于 1930 年 4 月出版。这个版本在目录中标上了五篇附录性文献，但在正文中却没有刊印出来。这个译本与彭嘉生的译本一样，附上了两个序言，即译者序（写于 1929 年 9 月）和编者序（亦即赫尔曼·唐克尔⑤所写序言）。这个译本依据的蓝本是德文《马克思主义文库》第 3 卷，同时参照了日译本。

---

① 为了让读者更加全面地了解早期译者的序言，我们在本书的附录"研究文献精选"中把董克尔的编者序言收录其中。客观讲，尽管这个编者序言与目前的研究比起来比较简略，但它也表明了早期人们对《费尔巴哈论》的关注（角度）。

② 参见《费尔巴哈论》，上海：上海南强书局 1929 年版。同时参见北京图书馆马列著作研究室编：《马克思恩格斯著作中译文综录》，北京：书目文献出版社 1983 年版。

③ 名为《马克思：费儿巴赫论纲要》，参见恩格斯：《宗教·哲学·社会主义》，林超真译，上海：亚东图书馆 1929 年版，第 229—372 页。

④ Fr. Engels, *Religion, Philosophie, Socialisme*, Traduit Par Paul et Laura Lafargue, Paris, Librairie G. Jacques et Oie, 1901.

⑤ 原文如此，即为董克尔，不同版本译法不同，保留原文译法。——编者注

第四个译本是杨东莼①、宁敦伍翻译出版的《机械论的唯物批判论》，它是由上海昆仑书店于1932年5月出版，其中收录了除了马克思恩格斯之外的马克思主义者普列汉诺夫所写的注释。这本书在书后所附的附录最为全备，包括8篇文章：（1）马克思的《费尔巴哈论纲》，（2）恩格斯的《费尔巴哈论》补遗，（3）恩格斯的《史的唯物论》，（4）马克思的《法兰西唯物史论》，（5）恩格斯的《马克思的唯物论及辩证法》，（6）马克思的《费尔巴哈论纲原稿译文》，（7）马克思的《观念论的见解与唯物论的见解之对立》②，（8）《蒲列汉诺夫对费尔巴哈的序文和评注》。③ 书前有《发行者序言》，署名：赫尔曼·唐克尔。

第五个译本是青骊所译，由上海社会主义研究社于1932年11月出版，书名为《费尔巴哈论》。这个译本的最大特点是英汉对照，其中第31—97页为中译文，分四节，每节有标题，文前有序言。这本书的附录也收了马克思的《费尔巴哈论纲》，书前还有中译者序言（写于1932年11月20日）、英译者导言以及《社会主义名著译丛总序》。本书是根据黎威奥斯丁的英文本转译的。

第六个译本是摘译本，译者柳若水以黑格尔哲学批判为主题选取了费尔巴哈、马克思和恩格斯等人的十篇关于黑格尔哲学的著作，撷取其中的重要段落，翻译之后集结成册，书名为《黑格尔哲学批判》。这本书收录的是恩格斯的《费尔巴哈论》的第1节，并将之命名为《从黑

---

① 杨东莼所翻译的最为人所熟知的著作是摩尔根的《古代社会》。摩尔根的书受到了马克思和恩格斯的高度关注，并被二人在不同的文献中大量引用。尽管人们没有研究《费尔巴哈论》与摩尔根的《古代社会》之间的关系，但众所周知，马克思和恩格斯对《古代社会》所做的研究成果都是在《费尔巴哈论》之前出版的，这两本书之间的关系，尽管在文本上没有直接相关性，但在思想上应该是一致的。

② 这部分内容出自《德意志意识形态》（原文译为《德意志观念形态论》）中的"费尔巴哈"章的"一般意识形态，特别是德国哲学"部分。

③ 普列汉诺夫所写的《费尔巴哈论》俄译本第一版序言和第二版序言都收录其中，但与第一版序言密切相关的注释没有收录。除此之外，这部书收录的附录内容与彭嘉生译本大体上相同，但内容更丰富。

格尔到费尔巴哈》(*von Hegel bis Feuerbach*)①。

第七个译本是韬奋摘译的《费尔巴哈论》第四章的一个脚注,篇名为《恩格斯的自白》,载《读书偶译》。②

第八个译本,同时也是对新中国成立后翻译的《费尔巴哈论》影响最大的译本,是由张仲实先生翻译、生活书店于 1937 年 12 月出版的。这本书甫一出版就受到欢迎和关注,因此时隔不久(1938 年 2 月)就在汉口再版。这个译本是全译文,而且附上了序言,还附录马克思《关于费尔巴哈的提纲》,书前有译者序言(写于 1937 年 8 月 1 日),以及《伟大的哲学家》和《费尔巴哈与新兴哲学》两篇介绍文章。这个版本是竖排平装本,书名定为《费尔巴哈论》,书的扉页上印有"世界名著译丛之二"字样。接下来,在 1938 年 4 月,上海书店仍以《费尔巴哈论》为名进行了再版。这个版本目前由上海图书馆收藏。

接近新中国成立时,即 1949 年 9 月,北京解放社重印,但注明的却是初版。这一版仍为竖排平装本,但书名已经改成了《费尔巴哈与德国古典哲学的终结》(仍是全译文),而且这个版本附上了序言和马克思的《费尔巴哈论纲》,书前有译者序言(写于 1949 年 6 月 8 日),文中有著者注、俄文版编者注和译者注。本版根据《马克思恩格斯文选》(两卷本)1948 年俄文版重新校正。

在新中国成立后,这个版本不断出版,根据资料显示,在新中国成立之后至少出现过多个版本,都是以新中国成立前的译本为基础进行的再版。现对这些版本列举如下:

(1)在新中国成立之初,《费尔巴哈论》就在 1949 年 11 月出了解放社上海版的竖排平装本。这个版本是根据 1949 年 9 月校正版重印的,本版现收藏于浙江省图书馆。(2)解放社于 1949 年 11 月出

---

① 参见《黑格尔哲学批判》,上海:辛垦书店 1935 年版,第 172—189 页。其中收录了费尔巴哈的《黑格尔哲学批判》,马克思的《黑格尔法律哲学批判导言》(即《黑格尔法哲学批判导言》)、《黑格尔辩证法及哲学一般之批判》(即《1844 年经济学哲学手稿》中的《对黑格尔的辩证法和整个哲学的批判》)和《黑格尔现象学批判草案》,恩格斯的《关于黑格尔》和《从黑格尔到费尔巴哈》。

② 参见韬奋编译:《读书偶译》,上海:韬奋出版社 1937 年版,第 119 页。

版了大连版的竖排平装本，这个版本也是根据1949年9月校正版重印的，目前该版由中央编译局图书馆收藏。(3) 根据资料显示，北京人民出版社于1949年9月出版了《费尔巴哈与德国古典哲学的终结》（第一版），书后附有《译者后记》（写于1953年3月3日），书名根据《马克思恩格斯文选》（两卷本）俄文版校订，并经陈昌浩校阅。1954年8月，北京人民出版社出版了第二版。1957年10月，北京人民出版社第三版，尽管书名是《费尔巴哈与德国古典哲学的终结》，但书后附加上了65条注释和人名索引以及《普列汉诺夫为恩格斯〈费尔巴哈与德国古典哲学的终结〉一书俄译本所写的序言和注释》和《对普列汉诺夫译文的注释》，译者于1956年9月24日为第三版写了《中译本第三版校订后记》。(4) 1964年6月，人民出版社出版大字本的《费尔巴哈论》，共分为2册，为横排函装本，并于1965年1月改版，书名为《费尔巴哈与德国古典哲学的终结》，书后附注释（87条）和人名索引，以及《普列汉诺夫为恩格斯〈费尔巴哈与德国古典哲学的终结〉一书俄译本所写的序言和注释》，本书马恩著作部分是张仲实译，经中共中央编译局根据《马克思恩格斯全集》俄文第二版第21卷和第3卷做了一些校订，并采用了有关本书的注释，书后普列汉诺夫为本书俄译本缩写的序言和注释部分是由中共中央编译局根据《普列汉诺夫哲学著作选集》第1卷和《普列汉诺夫全集》第18卷俄文版译出的。

第九个译本是由曹真翻译、上海文源出版社于1949年10月出版的竖排平装本《费儿巴赫》，书后附上了马克思的《费儿巴赫论纲要》（即《关于费尔巴哈的提纲》），但是这个版本没有刊印恩格斯后来写的序言。

新中国成立前最后一个译本是著名文学家周建人摘译的版本，摘译的内容仅有第2章前半部分和第4章前半部分，篇名为《鲁德维息·费尔巴哈》，著者译为"恩格尔斯"。这个版本载于英·E.朋司编辑的《新哲学手册》（第6—19页）。

(二) 新中国成立以后《费尔巴哈论》的翻译出版

新中国成立后,为了更全面系统地传播马克思主义,巩固马克思主义指导思想的地位,中共中央于1953年成立了中央编译局,开始组织对马克思恩格斯等马克思主义经典作家著作的翻译、出版等工作。除了张仲实的译本在新中国成立后仍然在不断再版之外,还有一些版本值得注意。其中之一是集体翻译、唯真校订的《费尔巴哈与德国古典哲学的终结》,这个版本载于《马克思恩格斯文选》第2卷(1965年),并且附加上了序言。其二就是目前我们看到的《马克思恩格斯全集》中文版第一版。《马克思恩格斯全集》是在《马克思恩格斯全集》俄文版第二版的基础上翻译过来的,时间持续了将近30年(最早于1956年出版的《马克思恩格斯全集》第3卷至1985年出版的多个卷次)。[①]《费尔巴哈论》收录于1965年9月出版的《马克思恩格斯全集》第21卷,其中全面收录了《费尔巴哈和德国古典哲学的终结》的全文及其《序言》。这个版本是在张仲实的译本的基础上根据《马克思恩格斯全集》德文版第21卷校订的,校订时还参考了俄、英等译文和其他有关的中译文。

1972年4月,北京人民出版社出版了一个横排平装本,其中包括正文、序言以及马克思的《关于费尔巴哈的提纲》,后面还附上了33条注释以及几篇附录,其中包括:(1)《普列汉诺夫为恩格斯〈费尔巴哈与德国古典哲学的终结〉一书俄译本所写的序言和注释》,(2)《〈普列汉诺夫哲学著作选集〉俄文版编者为普列汉诺夫的序言和注释所加的注释》。最后是在1972年出版《马克思恩格斯选集》时,编选者把《费尔巴哈论》(包括序言在内)又收录其中。

新中国成立后除了上述中译本之外,民族出版社根据中共中央编译

---

① 相关资料参见中央编译局网站,http://www.cctb.net/wxzl/jd/maen/。

局的中译本翻译、出版了多个民族语言的版本,其中包括蒙文版(1975年3月)、藏文版(1980年4月)、维吾尔文版(1975年10月)、朝鲜文版(1974年10月)、哈萨克文版(1980年2月)等民族文字译本。内蒙古人民出版社于1957年4月出版蒙古人民共和国达什多尔吉译的蒙文译本。

尽管《费尔巴哈论》已经有多个版本,但新中国的编译和研究人员并没有停止对它进行完善。在这里有两个小例子可以证明国内马克思主义研究翻译人员在完善《费尔巴哈论》中译本上所做的努力。

第一个例子是关于"哲学的基本问题"及其相关内容之翻译的不断完善。众所周知,像《费尔巴哈论》这样的经典著作往往会有多个译本,通过对比能够发现,后来的译本整体上明显优于之前的译本。就拿"哲学的基本问题"的翻译来说,较早的林超真的译本是这样翻译的:"一切哲学尤其是近代哲学之根本大问题,就是关于思想和真实的关系问题,换一句话说,也就是精神和物质的关系问题。……那些认为物质——自然界——本来存在的哲学家就属于唯物论的各派。"① 张仲实的译本对这一内容的翻译如下:"一切哲学,特别是近代哲学的最重大的根本问题,便是思维对存在的关系问题。……凡承认自然界为基本东西的,则属于各种不同的唯物论。"② 目前我们最常见的译本是这样翻译的:"全部哲学,特别是近代哲学的重大的基本问题,是思维和存在的关系问题。……凡是认为自然界是本原的,则属于唯物主义的各种派别。"③ 正如人们所指出的那样,其中变化最为突出的是"本原"的翻译——它"从最初的'精神先存在',到后来的'精神'先于自然界

---

① 林超真编译:《宗教·哲学·社会主义》,上海:亚东图书馆1929年版,第299—301页。
② 《费尔巴哈和德国古典哲学的终结》,张仲实译,上海:解放社1949年版,第34—36页。
③ 《马克思恩格斯文集》第4卷,北京:人民出版社2009年版,第277—278页。

而存在，再到'精神对自然界来说是本原的'，这里显然……是概念意思上的改变。"① 这种术语的遴选和修改证明，《费尔巴哈论》的翻译已经达到了相当高度水准。

第二个例子是一篇整体讨论《费尔巴哈论》译本改动的文章——《〈费尔巴哈论〉译文的修改情况》②。中央编译局的编译人员所撰写《〈费尔巴哈论〉译文的修改情况》针对的是《马克思恩格斯选集》第4卷译文存在的两个主要问题：其一是对之前不确切的译文进行修订，其二是对原译文中遗留的俄文的表达方式进行了修订。③ 应该说，编译人员对以前译文中的一些不准确甚至错误的地方进行了校正，有些校正仅仅是字面上的修改，有一些则是根本性的改变。比如第一种情况，有这样一句话，"Ebensowenig wie die Erkenntnis kann die Geschichte einen vollendenden Abschluss finden in einem vollkommen Idealzustand der Menschheit"。这句话最初被译为："历史同认识一样，永远不会**把人类的某种完美的理想状态看作尽善尽美的**"，但这句话的真正内涵是："历史不会达到完美的理想状态而终结"，据此，他们把原译文改为"历史同认识一样，永远不会**在人类的一种完美的理想状态中结束**"。④

对于第二种情况，俄文译文在翻译过程中可能就存在着问题。比如："Die Menschen machen ihre Geschichte, wie diese auch immer ausfalle,

---

① 徐素华：《马克思恩格斯著作在中国的传播：MEGA² 视野下的文本、文献、语义学研究》，北京：中国社会科学出版社2013年版，第119—120页。在这部分，尽管我在查看到徐素华引用的几个译本之前已经注意到了这些区别，但本文在这里仍直接采用了徐素华的研究成果。

② 这篇文章作为附录收录于吴振海主编：《〈费尔巴哈论〉教程》，天津：天津人民出版社1987年版，第214—252页。此文最初发表于《马列著作编译资料》第2辑，北京：人民出版社1979年版。本书在这一部分基本上摘录的是这篇文章的内容。

③ 众所周知，《费尔巴哈论》的最初中译本是从俄文转译过来的。如果说我们像伽达默尔所说的那样认为文本具有不可译性，那么转译就会出现更多的问题。或许这就是人们强调要回到（原始）文本，并强调要以 MEGA² 来翻译《费尔巴哈论》的最根本原因。

④ 吴振海主编：《〈费尔巴哈论〉教程》，第246页；另参见《马克思恩格斯文集》第4卷，北京：人民出版社2009年版，第270页。

indem jeder seine eignen, bewusst gewollten Zwecke verfolgt, und die Resultante dieser vielen in verschiedenen Richtungen agierenden Willen und ihrer mannigfachen Einwirkung auf die Aussenwelt ist eben die Geschichte."这段话最初译为:"人们通过每一个人追求他自己的、自觉预期的目的而创造自己的历史,却不管这种历史的结局如何,而这许多按不同方向活动的愿望及其对外部世界的各种各样影响所产生的**结果**,就是历史。"后来编译组人员将之改译为:"无论历史的结局如何,人们总是通过每一个人追求他自己的、自觉预期的目的来创造他们的历史,而这许多按不同方向活动的愿望及其对外部世界的各种各样作用的**合力**,就是历史。"① 对于这句话,我们来看一看关键词"Einwirkung",如果将之译为"影响",从字面上看似乎也没有什么错误,但是如果将之译为"合力",那么这会解决人们对唯物史观的攻击,并处理好个人意志与历史规律之间的辩证关系。应该说,这是一个较好的处理方式。但是,这篇文章中的一些改译也有一些不尽如人意之处。比如:"Wie in Frankreich im achtzehenten, so leitete auch in Deutschland im neunzehnten Jahrhundert die philosophische Revolution den politischen Zusammenbruch ein."原文曾译为:"正像在十八世纪的法国一样,在十九世纪的德国,哲学革命也作了政治变革的前导",编译组成员将之改为:"正像在十八世纪的法国一样,在十九世纪的德国,哲学革命也作了政治崩溃的前导。"② 但是我们如果再考察一下最新的中译本就会发现,译文仍然保留了"政治变革"的译法。实际上,如果我们根据恩格斯文章的现实语境不难看出,"变革"仍然是一个更加恰当的译法。

---

① 参见吴振海主编:《〈费尔巴哈论〉教程》,第251—252页;《马克思恩格斯文集》第4卷,北京:人民出版社2009年版,第302页。
② 吴振海主编:《〈费尔巴哈论〉教程》,第251页;《马克思恩格斯文集》第4卷,第267页。现在的译文是:"正像在18世纪的法国一样,在19世纪的德国,哲学革命也作了政治变革的前导。"

（三）"Ausgang"的翻译问题：一个个案

《费尔巴哈论》的德文全称是：*Ludwig Feuerbach und der Ausgang der klassischen deutschen Philosophie*。尽管我们在上文已经提到了翻译人员对《费尔巴哈论》中很多核心思想和术语的翻译进行了反复斟酌，无疑，这对我们准确把握恩格斯的思想非常关键，但还有一个关键术语的翻译及其理解需要给予重点关注，那就是究竟如何翻译和理解恩格斯这篇论著之题目中的术语"Ausgang"。

根据《新德汉词典》，"Ausgang"的含义有8项之多，其中与《费尔巴哈论》相关的包括："结果、结局"，"末端、尽头……（一个时期的）末尾、结束"，"出口、出口处"以及"开端、起点、出发点"等含义。在《费尔巴哈论》中，最贴近的含义应该是"（一个时期的）末尾、结束"，这个时期可以理解为"德国古典哲学时期"。但是，如果认为恩格斯在使用"Ausgang"时仅指这个时期的结束，那么有一些问题是难以理解的，比如对黑格尔以及青年黑格尔派之思想的理解和评价问题。① 但从另外一个角度来看，这个术语毕竟还包含着另外一个含义——"开端、起点、出发点"。这是不是意味着，恩格斯是在指证费尔巴哈的唯物主义哲学为当时的哲学思想在思辨哲学领域内绕圈子指出了一条新的路向呢？这一点在《费尔巴哈论》的结尾处似乎能够得到

---

① 我们在恩格斯晚年的很多著作中都看到，对黑格尔以及马克思批判尤甚的布鲁诺·鲍威尔，恩格斯都给予了较高的（同时也是较为客观的）评价。对于黑格尔及其哲学的积极评价，我们在《费尔巴哈论》中就能够窥见一斑，比如他在直陈黑格尔及其哲学的巨大影响时指出："可以理解，黑格尔的体系在德国的富有哲学味道的气氛中曾发生了多么巨大的影响。这是一次胜利进军，它延续了几十年，而且决没有随着黑格尔的逝世而停止。"（《马克思恩格斯文集》第4卷，北京：人民出版社2009年版，第273页。）其中，我们还看到了恩格斯对青年黑格尔派的褒扬。除此之外，恩格斯还专门撰文赞扬鲍威尔在思想领域中的革命性作用。在1882年4月份撰写的《布鲁诺·鲍威尔和早期基督教》一文中，恩格斯对鲍威尔的历史价值和地位给予了较高的评价，他认为，尽管人们（即官方神学家）对鲍威尔的逝世持有一种冷漠的态度，但是后者"比所有这些人更有价值"。因为在解决早期基督教如何能够产生并取得历史统治地位，并使之从一个被压迫阶级的宗教转变为"罗马世界专制皇帝的最好手段"问题上，"布鲁诺·鲍威尔的贡献比任何人大得多"，尽管这些研究仍然存在这样或那样的问题。参见《马克思恩格斯全集》第19卷，北京：人民出版社1963年版，第327—329页。

佐证，因为恩格斯在那里指出，在"有教养的"阶级抛弃理论转向实践的过程中，德国人似乎失去了理论兴趣。但在他看来，"德国人的理论兴趣，只是在工人阶级中还没有衰退，继续存在着。在这里，它是根除不了的"。而且只有德国的工人阶级及其主导的社会运动才是真正的"德国古典哲学的继承者"。① 在某种意义上，德国古典哲学在终结的地方直接指向了另外一个出路，那就是马克思主义。

但是在翻译过程中，由于理解上的问题，各种版本的不同译法却导致了各种误解。比如在英文版中，较为流行的译本对"Ausgang"的就有两种译法，一种是译为"Outcome"（结果、成果），另外一种就是"End"（终结、目的）。但是，《马克思恩格斯全集》中文版在翻译这个术语时，基本上采取的是第二种译法，即将"Ausgang"译为"终结"。然而，这种翻译却最终导致了人们对马克思和恩格斯对待德国古典哲学甚至是对哲学的态度产生了误解。因为，根据后一种译法，德国哲学（尤其是思辨的观念论哲学）随着马克思主义的出现已然消亡，从此以后再没有哲学可言。

正是为了矫正上述翻译所带来的理解上的误解，所以一些专业的哲学家兼翻译家才主张重新理解这个术语，矫正以前的翻译。贺麟先生即为一例。根据他的回忆，中央编译局和中央党校专门就《费尔巴哈论》的翻译修改召开了一个研讨会，他在会上指出，"Ausgang""译为'出发'或'出路'比较合适"，他的理由除了"Ausgang"的本义外，还有两个文本上的证明，其一是"至于费尔巴哈，虽然他在好些方面是黑格尔哲学和我们的观点之间的中间环节"；其二是"在这种情况下，我感到越来越有必要把我们同黑格尔哲学的关系，我们怎样从这一哲学出发又怎样同它脱离，作一个简要而又系统的阐述"。② 贺麟先生指出，根据恩格斯的论述，费尔巴哈在黑格尔哲学和马克思主义哲学之间作为中间环节确实起到了重要作用。既然是中间环节，那么题中应有之义

---

① 《马克思恩格斯文集》第4卷，北京：人民出版社2009年版，第312—313页。
② 《马克思恩格斯文集》第4卷，北京：人民出版社2009年版，第265—266页。

是，它既非某个理论体系的开端，也不是一个理论的终结点，它仅仅是为某个走到穷途末路的哲学找到一个桥梁。① 不难看出，贺麟先生的理解与恩格斯的解释是一致的。

如果将贺麟先生的观点加以拓展和具体化，那么对于费尔巴哈来说，他在以黑格尔为核心的德国古典哲学中确实起到了桥梁作用，因为当思辨哲学在面对幽暗闭塞的社会现实面前而无所作为时，就必须寻找另外一个出路。找到这个出路的人，恩格斯看来，就是费尔巴哈，而这个出路，就是他的"唯物主义"。如若要把"Ausgang"翻译为"终结"，那么这种"终结"也仅仅是针对以黑格尔哲学为代表的思辨哲学的"终结"，而不是整个西方哲学思想，甚至不是其他哲学体系的终结。② 但对于西方哲学中的其他哲学流派来说，费尔巴哈甚至对其产生和发展没有产生任何影响。③

也许正是认识到了这一点。朱光潜先生才提出了与贺麟先生译法不同、内涵一致的译法，即"结果"或"成果"。朱先生也通过马克思恩格斯的文献指出，把"Ausgang"译为"终结"或"终点"的译法显然没有充分考察到原作者的意图，因为不管是在马克思的《资本论》中，还是在《费尔巴哈论》中，都不能让马克思和恩格斯的理论达到内在的一致性。朱光潜进而指出，英、法、俄等译本对"Ausgang"的翻译都不准确，中文更是以讹传讹。在"1962年柏林德国科学院新出版的多卷本《现代德语大词典》"中，在例证"Ausgang"的第44项的含义时，列举的就是恩格斯的《费尔巴哈论》，在这里它的含义是"一个时间段落"，同时通过对照1964年出版的马克思的《1844年经济学哲

---

① 中央编译局马克思恩格斯室编：《马克思恩格斯著作在中国的传播》，北京：人民出版社1983年版，第176—177页。

② 我们在下文将会指出，就算是费尔巴哈，也没有完全"终结"黑格尔派哲学或"唯心主义"，因为他在实践领域仍然在继续坚持"唯心主义"。这也是马克思恩格斯批判费尔巴哈"半截子唯物主义"的原因之一。

③ 比如，费尔巴哈同时代的叔本华和尼采的意志论哲学甚至之后的现象学等都仍然在西方哲学传统中占据着重要甚至是主流位置。

学手稿》的译本，得出了译为"结果"或"成果"更为合理的结论。①尽管这种译法也具有一定的模糊性——在中文当中，人们很少将"结果"或"成果"理解为阶段性的，而是一般将之理解为结论性的——但这毕竟肯定了德国古典哲学的价值和意义，因而也为开放性理解它留下了空间。

通过"Ausgang"的翻译不难看出，包括《费尔巴哈论》在内的马克思恩格斯著述的中文译本在翻译者和研究专家的努力下变得越来越准确可信。所以我们有理由相信，随着整体编译水平的提高，人们不再经过转译（主要是经过俄文版和日文版等），而是越来越直接面对最初乃至最原始的文本——《马克思恩格斯全集》中文第二版基本上是依据原文（即最权威的版本 MEGA²）翻译过来的——所以《马克思恩格斯全集》第二版的翻译应该是值得信赖的，当然前提是在翻译过程中必须充分借鉴前人的研究、翻译成果。当然，由于收录《费尔巴哈论》的 MEGA² 第 I 部门第 30 卷刚刚于 2011 年出版，《马克思恩格斯全集》第二版还没有翻译和出版这一文献，所以未来是值得期待的。②

（本文来自 2016 年中央编译出版社出版的田毅松所著《恩格斯〈路德维希·费尔巴哈和德国古典哲学的终结〉研究读本》有关内容。）

---

① 关于马克思，这里指的是他在《资本论》第 1 卷第二版的跋中对黑格尔及其哲学的尊重和强调——"我公开承认我是这位大思想家的学生，并且在关于价值理论的一章中，有些地方我甚至卖弄起黑格尔特有的表达方式。辩证法在黑格尔手中神秘化了，但这决没有妨碍他第一个全面地有意识地叙述了辩证法的一般运动形式。"（《马克思恩格斯文集》第 5 卷，北京：人民出版社 2009 年版，第 22 页）关于恩格斯，指的则是在《费尔巴哈论》结尾处的论断——"德国的工人运动是德国古典哲学的继承者。"（《马克思恩格斯文集》第 4 卷，北京：人民出版社 2009 年版，第 313 页。朱光潜：《美学拾穗集》，北京：百花文艺出版社 1980 年版，第 43—44 页。）

② 值得注意的是，尽管有些版本在 MEGA² 中已经有了最新版本，但这些最新成果在最新翻译的马克思恩格斯文献中并没有体现出来。比如《资本论》及其手稿在 MEGA² 中作为一个部门单独列出，并且已经完全出齐，然而有的学者指出，不管是《马克思恩格斯全集》第二版的第 44—46 卷，还是《马克思恩格斯文集》第 5—7 卷，都没有吸收 MEGA² 的编辑成果。

費爾巴哈論

恩格斯著 ● 彭嘉生譯

上海南強書局版

費爾巴哈論

恩格斯著・彭嘉生譯

上　海
南強書局版
1935

中華民國廿四年三版發行

費爾巴哈論

【實價六角】

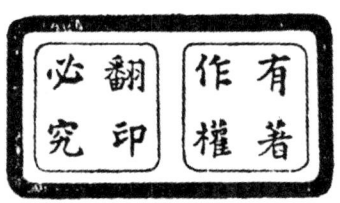

著　者　　恩格斯
譯　者　　彭嘉生
發行者　　陳曉峯
　　　　　北四川路公益坊卅八號
印刷者　　南強書局

總發行所　上海北四川路　南強書局
　　　　　公益坊卅八號

內容目次

編者序言 …………………………… 1
I 本文 ……………………………… 19
    序言 ………………………………… 21
    1. 從黑格爾到費爾巴哈 ……………… 25
    2. 觀念論與唯物論 …………………… 45
    3. 費爾巴哈底宗教哲學及倫理學 …… 67
    4. 辯證法的唯物論 …………………… 85
II 附錄 ……………………………… 121
    1. 費爾巴哈論綱 ……………………… 123
    2. "費爾巴哈論"補遺 ………………… 133
    3. 史的唯物論 ………………………… 143
    4. 法蘭西唯物論史 …………………… 187
    5. 馬克思底唯物論及辯證法 ………… 207
譯者後記 …………………………… 219

編者序言

恩格斯底"費爾巴哈論"在現在已經不是為哲學家費爾巴哈而讀了。費爾巴哈底意義，與他在前世紀四十年代的聲譽比較起來，是失去了很多的了。對於支配階級，費爾巴哈對於宗教及教會的鬥爭是太過於激烈了。他們剝去了他在大學裏的地位,而且漸漸地使他餓死了。可是對於革命的勞動者社會,費爾巴哈又還不夠,這位隱遁的自由思想家及無神論者不能奮起來直接參與無產階級的鬥爭。這樣,費爾巴哈站在兩個戰線的中間。而且這樣他從歷史落伍了。他的主著"基督教的本質"

（一八四一，一八四三及一八四九年連出三版，而第四版到一八八三年才出來）雖然有Reclam-Verlag的民眾版（一九〇四年），但現在人們已經不大讀了。這是太不公平了,這確是一本對於教會的固陋及與世界遊離了的宗教的思辨是像火樣熱烈的鬥爭書。

在現代的精神史裏，當做在黑格爾與馬克斯間的，辯證法的觀念論與辯證法的唯物論間的中間派，費爾巴哈佔一個重要的位置。可是馬克思和恩格斯可以正當地稱為"費爾巴哈主義者"的期間只不過是一個短時期。在一八四五年馬克思已經超過費爾巴哈而發展了、表示這個的是那個有名的費爾巴哈論綱，尤其是一八四五到一八四六年馬克思和恩格斯的共著而沒有完全地發表過的,現在則為Rjasanow從馬克思的遺稿中搜出來的那個鬥爭書"德意志的意識形態論"（Deutsche Ideologie）中的關於費爾巴哈的部分。

我們在這裏沒有深究馬克思主義一方面對於

黑格爾的辯證法及他方面對於費爾巴哈的唯物論的關係的必要，也不必深究費爾巴哈的抽象的唯物論變到具體的史的唯物論之馬克思的擴張。這在恩格斯的敍述裏已經表現得很充足了。但因最近出版的文獻（書簡集及其他）而指示馬克思和恩格斯對於費爾巴哈個人的關係的事實也似乎是不爲無益的。

是費爾巴哈的什麼著作給了馬克思和恩格斯以決定的影響？恩格斯在本書裏只提及了"基督教底本質"（一八四一年）。在現在還保存着的馬克思給費爾巴哈的唯一的信裏，——在這裏頭，費爾巴哈猛烈地被要求着要寫薛林（Schelling）的批判——馬克思也提及了一八四三年出版的第二版"基督教底本質"的序文。(註)

（註） Karl Grün, "費爾巴哈書簡集及遺稿" Leipzig 1874, 第一卷三六〇頁馬克思給費爾巴哈的信，一八四三年十月三十日。

墨林（Mehring）在他的馬克思恩格斯遺稿集

裏（第一卷三三六頁，又在馬克思傳五六頁裏），以充分的理由證明了給馬克思以最強的印象的是費爾巴哈底"關於哲學改造的暫定的論綱"（Vorläufige Thesen zur Reform der Philosophie）。這個論綱一八四三年三月在魯格（Ruge）編的"Anekdota zur neuesten deutschen Philosophie und Publizistik"裏發表了。這個也還包含了馬克思所著的最初的政治論文"關於最近普魯士檢查令的評論"。但已在差不多一年以前的一八四二年三月二十日馬克思約了魯格一篇關於"宗教的藝術"的論文——這沒有發表過——而在這裏他說：

"在這論文自身裏，我必然地要論及宗教底一般的本質罷。在這裏我多少要與費爾巴哈起衝突，可是這個衝突不是關於原理，而是關於這個原理底把握方法的。不管怎樣，宗教總是不能得的。"（柏恩斯泰因，"社會主義文獻"第一卷三八九頁，一九〇二年五月）。

關於上所述的費爾巴哈的論綱，馬克思在一

八四三年三月十三日給魯格的信裏這樣說：

"費爾巴哈的箴言對於我只在這一點是不正當的，卽他關於自然論及得太多，而關於政治却論及得太少了。但這是今日的哲學之所以能成爲眞理的唯一的紐帶。"（社會主義文獻第一卷三九七頁）。

從費爾巴哈的這個論綱裏引用一個命題出來也是有意思的。那裏說着：

"思維發生於存在，但不是存在發生於思維。"（費爾巴哈全集第二卷二三九頁，一九〇四年）

在馬克思底史的唯物論之有名的中心命題中更響應着一個反命題：

"不是人的意識規定他的存在，倒是他的社會的存在規定他的意識"。（"經濟學批判"序言）。

但馬克思在這裏是怎樣更深刻，怎樣更具體的啊。只是這兩個命題的對比就可以表示出馬克

5

思和費爾巴哈的精神上的親和及馬克思底強有力的優越。

在我們深究馬克思和恩格斯間的關於費爾巴哈的思想交換之前，須先確定什麼時候我們才在恩格斯遇到關於費爾巴哈的記述。一八三九年十月給友人寫了"我現在是一個熱心的斯特勞斯(Strauss)主義者"這樣的話的恩格斯，——對於這個嚴格地敬神的地教育了的且甚為宗教的問題所苦了的青年，斯特勞斯底自由主義的著作是很給了影響——似乎是在一八四一到四二年滯在柏林的時候才知道費爾巴哈底著作。那裏在青年黑格爾派即"自由思想家"的周圍中，他體驗了費爾巴哈的"基督教底本質"之解放的影響。"感激是一般的：我們一時都是費爾巴哈主義者。"其實恩格斯也在他的"無恥地被恐嚇了，但却不可思議地被解放了的聖書"這首諷刺的基督教的英雄詩（一八四二年四月）裏，頌費爾巴哈為對於偽善的戰爭的指導者。他在這裏說：

"他自身是大胆的無神論者們底全軍組,

他自身是極惡的魔鬼帳底全寶庫,

他自身是誹謗和侮辱底全河流,

這是可怕的費爾巴哈,——聖約翰喲,

請施以救助!"(註)

(註) 恩格斯,初期著作集,二二六頁。

又在大概同時代恩格斯用匿名所發表的著作"薛林與啓示,對於自由哲學的最近的反動企圖之批判"(一八四二年)裏,也屢次論及了費爾巴哈這個黑格爾底"最近的追隨者",而且是專論及他的"基督教底本質"。

"這樣,費爾巴哈底基督教批判是為黑格爾所奠定了基礎的思辨的宗教論之必然的補充。……費爾巴哈將宗教的諸規定還元於主觀的人類的關係"。(五二頁)

恩格斯有時好像是比馬克思還要更強固地被費爾巴哈所束圍了。(註)因而對於費爾巴哈的批判也比較更遲遲地才逐行了。

(註) 參看德法年誌中的恩格斯底"英國的狀態"之最後一節（一八四四年）。（馬克思恩格斯遺稿集第一卷四八二頁以下）。恩格斯在這裏也闡說了一八四三年的費爾哈巴底諸論綱。

一八四四年九月馬克思和恩格斯才開始通信。當時恰是他們兩人企畫了對於包威爾的他們文筆上的大清算："神聖家族或批判的批判之批判。反對布魯諾·包威爾及其徒黨"（Die Heilige Familie oder Kritik der kritischen Kritik. Gegen Bruno Bauer und Konsorten. 1845.） 以"在德意志，眞的人本主義並不比唯心論有更危險的敵人"這個最初的文章而高調了費爾巴哈的人本主義之口號的序文也正是一八四四年九月的日期。在同年發表於"德法年誌"及"神聖家族"中的諸論說裏，馬克思尤其是恩格斯還是毫無顧忌地同意於費爾巴哈。

以後數星期及數月間的通信——可惜的是只恩格斯的信保存着——屢次的陳述了費爾巴哈。

8

一八四四年十一月恩格斯這樣的寫着（第一卷七頁）：

"費爾巴哈從神到達了'人類'，所以這個'人類'確還是爲一個抽象底神學的神聖外表所裝飾着。到達'人類'的眞的道路是相反的。……'這個人類'總是一個幽靈，要是在經驗的人類沒有牠的基礎。簡單地說，如果我們的思想特別是我們的'人類'應是某種眞的東西，則我們就非得從經驗論及唯物論出發不可。我們應該從個個的東西來演導一般的東西，不應像黑格爾一樣從自己自身或空氣來演導。"

一八四五年二月二十二日恩格斯的信是特別的重要：

"在克利格斯（Krieges）離開這裏的第二天，我接到了費爾巴哈的信，我們這樣的寫給他了。費爾巴哈說，在他能以著作者的資格代表而從事共產主義之前，他非先將宗教的汚物根本地消滅不可。又因他在 Bayern 太過於

爲其全生活所閉塞了，以致他不能到達這裏。但他是共產主義者，在他成問題的只是怎樣去實行的方法。"（一五頁）

恩格斯又附加地說他希望從惠費爾巴哈到（馬克思所滯在的）布魯塞爾(Brüssel)來。不，他在以後的旅行計劃裏說："如果費爾巴哈不來，則我到他那裏去，并且如有旅費和時間，還要再去英國一趟。"（一六頁）一八四六年的信關於費爾巴哈根本上是更冷酷及更批判的。一八四六年八月十九日恩格斯寫着：

"我在追隨者們的中間把費爾巴哈的"宗教底本質"讀過了一遍。除了兩三個明白的事實以外，一切還是完全和從前一樣。開初他純粹制限於自然宗教的時候，他就已經不得不更要找經驗的基礎，但後來却又混雜了。又是些本質，人類等等。我將把這書精密地讀一遍，且將在最短期間中把有興趣的主要點替你扱萃起來，使你可以代費爾巴哈來使用。"

(二三頁)

這是指示了"德意志的意識形態論"在一八四六年八月還沒有完全完結。九月十八日恩格斯再回到了費爾巴哈：

"因爲有一種恐懼，我到現在還不敢決心來作費爾巴哈的拔萃。在這裏巴黎，精力完全無氣力地（衰弱地）臨到了我們。"（三五頁）

約好了的費爾巴哈的拔萃恩格斯終於在一八四六年十月的長信裏提供了。（四五——四九頁）他在那裏很諷刺地註釋了從費爾巴哈所引用的全系聯。尤其是說：

"對於悟性的存在創造自然的攻擊，對於無中生有的攻擊及其他等等 —— 大部分是'人間化了的'即被譯成爲心神舒適的捉住'市民之心'的德文的'Materialirmus vulgaris'（卑俗的唯物論）。"（四六頁）

後來在全體的通信裏，費爾巴哈這個名字差不多完全消失了。馬克思和恩格斯已經同他"完

11

了"。他對於他們已經再沒有什麼可說了。費爾巴哈停頓在他一八四三年就已經達到了的地方了。但馬克思和恩格斯是遠超過他而進步了。(註)關於這事,在恩格斯一八八六年因批評 Starcke 的費爾巴哈論而成的本書裏詳細地告訴了我們。

(註) 一八六七年四月二十四日馬克思回顧"神聖家族"寫給恩格斯說,"費爾巴哈崇拜在現在給與人們很滑稽的感情。"

因為恩格斯底這本費爾巴哈論很詳細地敍說了馬克思主義之哲學的基礎,現在對於我們是非常的重要。想到馬克思恩格斯的世界觀之明瞭的把握對於戰鬥的無產階級的重要意義,至少應將馬克思恩格斯之本質的哲學上的議論用民眾版的形式集攏起來。在這兩個科學的共產主義的祖師間分工,馬克思擔當了經濟學的·理論的工作,而恩格斯却主要地獻身於馬克思主義的辯護及普及。所以恩格斯的著作特別地對於我們成問題是決非偶然的事。

人們說,根本地考察起來,恩格斯代表了和馬克思不同的立場。這是一個狡猾的見解,藉這個機會我們須得把牠斥退。(註)人們信以為如要攻擊馬克思主義底重要的要素而仍不失其為馬克思主義者,則對於恩格斯鳴鼓而攻有時是正當的事。但我們知道馬克思將恩格斯底主要著作（如反丟林論 Anti-Dühring）在原稿時就已經精密地讀過了。又馬克思和恩格斯是怎樣不斷地把他們所從事的一切的思想互相提出討論過了。馬克思自身決不會放過任何關於馬克思主義的不正當的或錯誤的說明罷。人們決不能想用恩格斯來把馬克思修正主義地訂正！

(註) 譬如奧太利馬克思主義者 Alfred Braunthal（參看他的"歷史哲學家的馬克思"一七三頁,一九二〇年柏林)及 Max Adler（"Marx-Studien"第三卷二九八頁),其他還有 Georg Lukacz（"歷史與階級意識",一九二三年)。

一八九〇年恩格斯寫了一封信給一個知識慾

非常之強的學生(社會主義文獻第二卷七二頁)：

"我也很想告訴你我的著作'丟林氏的科學之變革'(Herrn E. Dührings Umwälzung der Wissenschaft)及'費爾巴哈論'，在這兩書裏，我盡我所知道的最詳細地敍述了史的唯物論。"

反丟林論中的關於這個的部分，恩格斯自身又把牠要約於他的小宣傳書"從空想到科學的社會主義之發展"裏，這書在共產主義初步教科書第七卷中有了普及版，(註)而費爾巴哈論到現在却只有原版之原文出版的形式。

(註) 恩格斯 —拉狄克 (Engels-Radek)，"社會主義到科學及行動的發展"(一九二四年柏林)。

我們在這書的原文裏附加了許多的註釋，因為有些歷史的事實對於現在的讀者是不太熟悉了。(註)但這本小册子應該每個勞動者都要能理解。因此也加上了一個外國文表。

(註) 又在這些註釋裏從"德意志的意識形態論"中引用

14

了若干重要的關係於費爾巴哈的地方。

在附錄中又從馬克思和恩格斯的著作中輯集了一列的論說及引用文，這些是可以更進一層地解明唯物論的主題。這裏應收錄一八四五年的馬克思的費爾巴哈論綱是不要什麼說明罷。我們保存了恩格斯所給與這個論綱的讀法。馬克思恩格斯文庫(Marx-Engels-Archiv, 第一卷二二七——二三○頁)裏的複刻給了我們關於原草稿的智識。

同樣又收錄了在恩格斯的遺稿中發見的"關於費爾巴哈遺漏沒有寫的東西"而現在在恩格斯的自然辯證法俄文版裏才發表的費爾巴哈原文的一部之增補。

恩格斯的論文"史的唯物論"（本來社會主義之發展英文版的序文）是有特別的意義,因爲恩格斯在這裏脫離了不可知論而補充了唯物論之認識論的方面。恩格斯底這個論文已經包含了"神聖家族"中馬克思所寫的哲學史的一章之很長的引用文。我們也對稱地附加了這章的其餘部分：法蘭西

15

唯物論發展底概觀。

最後，恩格斯所寫的馬克思"經濟學批判"之很長的批評中用很富於教訓的形式敍述了從黑格爾到馬克思的道路的一節，我們也把牠加進去了。

如果在這裏所給與的材料之上再加上恩格斯的"社會主義之發展"底第二章(註一)，則和我們這裏所補上的註釋一起，足以表示馬克思恩格斯的唯物論之特徵的多少重要的一切東西我們都有了。爲要從一切的曲解及折衷主義的混淆企圖純粹地保存馬克思主義底世界觀，很小心地讀這些東西是極端的必要。面對着從以前的馬克思主義的德意志社會黨到甚至以宗教的感情世界獻媚的改良黨的發展，嚴密地把唯物論的因而又無神論的馬克思主義之根本的立場弄明白是極得其當的。(註二)特別對於無產階級的自由思想家——對於他們，恩格斯的費爾巴哈論是應做參考書，也應做教科書——是會很明白的罷：現在只有在什麼地方才擁護且尊重了純粹且正確的馬克思主義。

16

(註一) Elementarbücher des Kommunismus, 第七卷二三——三三頁。

(註二) 参看列甯的宗教論,柏林,一九二六年。

一九二七年二月,柏林

董克耳
Dr. Hermaun Duncker.

I

本文

序　言

　　馬克思在"經濟學批判"(1859,柏林)的序文中說,當我們兩人一八四五年在布魯塞爾的時候,"將我們的見解"———即為馬克思所完成了的唯物史觀———"對於德意志哲學底觀念的見解的對立點兩人共同來整理,事實上是清算我們從來的哲學的良心。這個企圖在後期黑格爾派哲學的批判這個形式上實行了。兩本很大的八開本的原稿早就送到 Westfalen 的印刷所去了,但後來接到了因種種的事情不能出版這樣的報告。我們很願意讓牠去受老鼠底咀嚼的批判,因為我們的主要目

的——自己清算這個目的已經達到了。"(註)

(註) 這個原稿現在在爲莫斯科馬克思恩格斯研究所所長所編輯的"馬克思恩格斯文庫"中發表了一部分(參看馬克思恩格斯文庫德文版第一卷二〇五——三〇六頁)。

自後經過了四十多年,我們兩人沒有一個有囘到這個問題的機會,而馬克思也便死了。關於我們對於黑格爾的關係(註),雖在有些地方發表了,但從沒有在總括的關係上論述過。在種種的關係上是爲黑格爾哲學及我們的見解的中間點的費爾巴哈,我們也再沒有囘顧到他。

(註) 特別參看馬克思關於黑格爾辯證法的詳論而與"資本論"第一卷第二版跋文中的馬克思的辯證法,又參看恩格斯在"反丟林論"中的敍述。

其間馬克思的世界觀已遠超過了德意志及歐羅巴的境界,而在世界的一切文明的國語中也有了牠的代表者了。他方面,古典的德意志哲學在外國尤其是在英國及斯康的拿維亞經歷了一種的再生,而就在德意志,人們對於在哲學這個名字之下

大學中所給與的折衷主義的乞丐湯也似乎覺得厭倦了。(註)

（註） 當時在德意志新康德主義正勃興着。

在這些情況之下，簡單地總括地敍述我們對於黑格爾哲學的關係和我們從黑格爾哲學的出發及分離，我愈覺得有必要了。同樣地，完全承認在一切別的後期黑格爾派哲學家中特別是費爾巴哈所給與青年期的我們的影響，在我也似乎是還沒有完成的有名譽的義務。所以當"新時代"(Neue Zeit)的編輯局要求我做一個關於 Starcke 的費爾巴哈論的批評的時候，我很願意的抓住了這個機會。我的論文在一八八六年那個雜誌的第四及第五册裏發表了，現在又把牠修正印爲單行本。

在附印之前，我又把一八四五——六年的舊稿找出來讀了一遍。關於費爾巴哈的一章幷沒有完成。旣成的部分是關於唯物史觀的說明，而這只表示當時我們關於經濟史的智識是怎樣的不完全。其中尚缺少了費爾巴哈的教義自身之批評；因此舊稿對於現在的目的也是沒有用處的。但我在馬克思的舊日記裏發現了十一條的費爾巴哈論綱，現在把牠放在附錄裏了。這是為後來的更完整的計劃而寫的，絕對沒有附印的目的，但這是包藏了新世界觀之天才的萌芽的最可寶貴的最初的文獻。

倫敦，21，2，1888。

恩格斯

1

從黑格爾到費爾巴哈

這本書 (註) 使我們囘到了一個時期——從時間上講，這是三十年以前的時期——而因爲對於現在德意志的人們是太沒有關係了，所以好像是有一個全世紀這樣的久了。這是德意志準備一八四八年的革命的時期，此後所發生的一切只不過是一八四八年的繼續，革命底遺囑之執行。

(註) Starcke博士著的費爾巴哈論，一八八五年，Stuttgart(恩格斯註)。

像十八世紀的法蘭西一樣，在十九世紀的德意志，哲學上的革命也誘導了政治的崩壞。但這兩者看去是怎樣的不同！法蘭西人公開地與全官僚式的科學及教會，也常與國家鬪爭了。他們的著作在國外的荷蘭或英國印刷，而他們自身時有進 Bastille 牢獄的危險。反之，德意志人——大學教授，國家任命的青年之教師，他們的著作是公認的教科書，而全發展的最終體系之黑格爾哲學（註一）却擠上了普魯士王國的國有哲學這個地位了！在這些教授們的背後，在他們衒學的曖昧的言辭之背後，在這個不活潑的無聊賴的時期中革命應潛存？當時目爲革命的代表者不是這些自由主義者，使頭腦混亂的哲學之最激烈的反對者嗎？但政府和自由主義者都沒有看穿的，至少有一個人在一八三三年就已經看穿了，而這個人正是海涅 H. Heine。（註二）

（註一）　黑格爾（1770—1831）一八一八年被招聘爲柏林的哲學教授。

26

(註二) 海涅在他的"'德意志宗教史及哲學史"(一八三四年)裏說:"我們哲學的革命已經完成了。黑格爾結束了這個偉大的連環。"

舉個例罷。在哲學的命題中沒有像黑格爾這個有名的命題"凡是實在的都是合理的,凡是合理的都是實在的"(註一)這樣招致了淺薄的政府之感謝及淺薄的自由主義者之憤怒的。這明白地是將一切存在的東西視爲神聖,且哲學地祝福專制主義,警察國家,專斷裁判及檢查制度。威廉第三(註二)以爲是這樣,他的臣下也以爲是這樣。但在黑格爾,決不是一切存在的就只這樣也是實在的。在他,只同時又是必然的才有實在性的性質;"實在性在其發展中證實爲必然性";隨便一個政府條例——黑格爾自身引"某種租稅制度"爲例——也不見得只這樣就已經是實在的。但必然的東西結局也表示是合理的東西,如適應於當時普魯士的政府,則黑格爾這個命題只是這樣的意思:這個國家是合理的,適合於理性的,只要牠是必然的;如果這個國家對於我們是壞惡，又雖然有壞惡而牠還是存續，則政府底壞惡在臣下底相應的壞惡中有牠的根據及說明。這樣，當時的普魯士人有了一個與他們自己相當的政府。

（註一）　出自黑格爾的法律哲學底基礎（一八二一年）。黑格爾在歷史哲學（Reclam版七四頁）裏說：＂只有從神的世界計劃實現了的東西才有實在性，與這個計劃相違背的只不過是沒有價值的存在。＂

（註二）　他從一七九七到一八四〇年統治著普魯士。

但依黑格爾，實在性決不是在一切的情況及時間中都是具備於一個所與的社會的及政治的狀態之屬性。恰是相反。羅馬共和國是實在的，但消滅牠的羅馬帝國也是實在的。法蘭西王國在一七八九年已成了非實在的了，換言之，一切的必然性被剝奪而成了非合理的了，以致牠不得不為那個大革命——黑格爾常以最大的興奮而稱揚的那個大革命所消滅了。所以在這裏，王國是非實在的，而革命是實在的了。這樣，在發展的過程中，從來一切實在的變成非實在的而失去牠的必然性，牠的存在權及牠的合理性。代替要死去的實在，出現一個新的有生命的實在性——這個新的實在性會平和地出現，如果舊的賢明地無抵抗地消滅下去，但如舊的頑強地反抗這個必然性，則牠就以暴力出現。因此，黑格爾底這個命題因他的辯證法自身(註一)而轉化為反對的命題：在人類史的領域內一切實在的因時間的經過變為非合理的，所以性質上牠已是非合理的，本來就注定了有非合理性的。而在人類的頭腦中一切合理的本來注定了要實現的，縱使牠與現存的表面上的實在性是怎樣地抵觸。依照黑格爾的思惟方法之一切法則，一切實在之合理性這個命題轉變為別一個命題：一切存在的都是值得死滅的。(註二)

(註一) 黑格爾關於思維底(同時也是實在性底)——在矛盾中的——自己發展之學說。這個自己發展常不絕地形成著命題(定立或肯定)與反命題(反定立或否定)而融合於綜合(否定的否定)。

(註二) 歌德的"浮士德"中梅菲士德的話："'生起的一切，都是值得死滅"(Alles was entsteht, ist wert, dass es zugrcunde geht)。

我們這裏應只限於爲從康德以來的全運動的完結的黑格爾哲學。但這個黑格爾哲學底眞的意義及革命的性質正在牠一舉就給了人類思維及行動底一切結果之終局妥當性以一個致命傷這一點。哲學是應認識眞理，但在黑格爾，這個眞理已經不是那些一經發現了便只想牢牢記着的旣成獨斷的命題之堆積。眞理是存在於認識自身底過程中，存在於科學之長期的歷史的發展中，而科學總是從認識底低的階段進展到更高的階段，決不是因發現一個所謂絕對的眞理便能達到這樣的一點──一經發現了這個絕對的眞理便再沒有什麼事可做而只須拱着手眼望着這個絕對眞理便夠了這樣的一點。在哲學的領域內旣是這樣，同樣地在一切別的認識和實踐的行動之領域內也是一樣。同認識一樣，歷史也不能在人類的理想狀態中發現其完滿的終結。完滿的社會，完滿的"國家"，是只在空想中才能存在的東西。反之，一切依次地繼起的歷史的狀態是人類社會從低的進向到更高的那個無止境的發展歷程中之暫時的階段。每個階段都是必然的，因而對於使牠發生的時代及條件是有存在的理由。但對於從牠自身的懷裏漸次地發展出來的新的更高的條件却是衰老而失去存在的理由的。牠應該讓位於一個更高的階段，但衰頹與沒落又會輪到這個更高階段的頭上來。像資產階級因大工業，競爭及世界市場實踐地消滅了一切安定的從前值得尊敬的制度一樣，這個辯證法的哲學也消滅了絕對妥當的真理之觀念及與牠對應的絕對的人類的理想狀態。在這個哲學的面前，沒有什麼究極的，絕對的，神聖的東西存在；牠證明一切都是轉變無常，在牠面前存在的只有生成和衰滅底不斷的過程，只有從低的到更高的之無限的向上進程，而這個進程在人類思維的腦筋裏的反映就是這個哲學自身。牠也有個保守的方面：

牠承認一定的認識的及社會的階段對於使牠發生的時代及情況是有存在的理由；然也只不過是這樣。這個見解底保守主義是相對的，牠底革命的性質是絕對的——這是牠所承認的唯一絕對的東西。

我們這裏沒有深究這個見解是否完全與自然科學底現在的狀態一致這個問題。自然科學關於地球自身的存在預言了一個可能的終局，而關於牠的適住性預言了一個頗確實的終局，因而對於人類史不但承認一個向上的枝流，也承認了一個向下的枝流。但我們離社會的歷史開始下降的分歧點還很遠，因不能強黑格爾哲學去從事在當時自然科學都還沒有當做問題的對象。

但其實在這裏應該說的是：以上的發展在黑格爾並沒有這樣鮮明的形式。這是黑格爾底方法之必然的結果，但黑格爾自身並沒有這樣明瞭地演導出來。而且理由是簡單的，因為他有作成體系的必要。而依照從來的要求，哲學的體系這個東西一定要以一種什麼絕對的真理來結束。因此黑格爾,特別在其論理學中,也力言着這個永遠的真理不外是論理的又歷史的過程自身。但一方面這樣力言,同時他又不得不給這個過程以一個結局,因為在他的體系中總要達到一個終點的。在論理學中他以這個終點又作為出發點。在這裏,這個終結點即絕對的理念——只在絕對地不知道牠是什麼這一點,這個絕對的理念方是絕對的——"外化"(Entäussern) 即轉化為自然,後來在精神中即在思維及歷史中又轉回到自己。但在全哲學的結局上,像這樣一個回到出發點的逆轉只在一個方法上方為可能。即以人類到達了這個絕對理念的認識的時候為歷史的終結,而且說明這個絕對理念的認識在黑格爾哲學裏已經成就了——在這樣一個方法上方為可能。但這是說黑格爾體系之全獨斷的內容就是絕對的真理,而與他的消滅一切獨斷的辯證法相矛盾,同時革命的方面為優勢的保守的方面所悶殺了。又對於哲學的認識是妥當的,對於歷史的實踐也是妥當的。在黑格爾這個人物中既達到了能完成絕對理念這個地步，所以人類非得實踐地達到在現實性中也能實行這個絕對理念的地步不可。對於同時代的人們的實踐的政治的要求因而也不能過於太大。這樣，在黑格爾法律哲學的結論裏我們知道這樣的事，這個絕對的理念實現為威廉三世所執拗地空約了的（註）身分代表制王國，換言之，實現為適應於當時德意志小資產階級的關係的，所有階級之制限了的穩健的間接的支配。但思辨的方法證明了在這時候依然有貴族的必要。

（註）為要激勵國民去抵抗拿破崙的戰爭（一八一三及一八一五年）。

這樣，這個體系底種種內在的必然性足夠說明一個極溫和的政治的結論之所以因徹底的革命的思維方法而產生了的原故。這個結論之特殊的形式確是起因於黑格爾是一個德意志人，且與其同時的歌德一樣，還帶了一點道學先生的習氣。歌

德和黑格爾在各自的領域內都是一個 Olympischer Zeus，但兩人都沒有完全脫掉他們是德意志的道學先生。(註)

> (註) 參看馬克思的歌德論，一八四七年，(遺稿集第二卷三八八頁)："這樣，歌德有時是巨大，有時又是渺小；你以為他是一個傲慢的嘲笑的厭世的天才罷，他却又是一個顧慮的謙遜的狹隘的俗物。"

可是這些一切并沒有妨害到黑格爾的體系使牠不能包括比從前的任何體系不能比較的更大的領域，而在這個領域中展開了從現在看起來也是很可驚的思想底豐富。精神現象學(這可以稱為精神的發生學及古生物學之比較論，這是視為人類意識歷史地所通過的種種階段之短縮的再現的經過種種階段的個人意識之發展) 論理學，自然哲學，精神哲學，而後者又為個個歷史的下位形態：歷史哲學，法律哲學，宗教哲學，哲學史及美學等等。——在一切這些不同的歷史的領域上，黑格爾從事於發現及證明這個發展之一貫的引線。而因為

他不但是一個創造的天才，還是一個百科辭典式的博學者，所以在各方面都是劃時期地出現了。(註)

(註) 一八六五年恩格斯給蘭格(F. A. Lange)的信(新時代,第二八卷第一號一八四以下)裏有這樣的結語"'自然我已不是黑格爾學徒了，但對於這個老的巨大的人物還是有很大的尊敬及依戀。"

這是很明白的，黑格爾因迫於他的"體系"底必然,有時不得不在無理的構造中找出路,對於這個，他的弱小的反對者們直到現在還是大聲的吵嚷着。但這些構造只不過是他的工作的木框和支架。如不徒然停止在這大建築物的門前,再進而升堂入室，則我們可以發現就是在今日也要承認完全有價值的無數的寶物。在一切的哲學家，"體系"這個東西正是要消滅的暫時的東西,而且正因爲牠是從人類精神底一個不滅的要求——想克服一切矛盾的要求發生的原故。但如果一切的矛盾只一次便除去了,則我們達到了所謂絕對的真理，而世界史也到了終點。可是歷史還應繼續地進行着，縱使沒有什麼可做的事剩下給牠的了——於是發生了一個新的不能解決的矛盾。只要我們一看到了賦與哲學的課題不外是將整個的人類在前進的發展中所能成就的東西叫一個個的哲學家去成就這個課題——幫助了我們達到這個見解的，結果也只是黑格爾自身——則我們同時也看到在從來的意義上的全哲學宣告了終局。人們拋開了每個個人而且用這個方法所不能達到的'絕對的真理"，而追求用實證科學及以辯證法的思維而總括其結果的方法所能達到的相對的真理。哲學一般在黑格爾完結了；一方面，因為他在他的體系中大規模地包括了哲學底全發展，他方面，因為他縱使是無意識地，却指示了我們從體系這個迷宮進到世界底現實的實證的認識之道路。

這個黑格爾體系在德意志染了哲學的色彩的氛圍氣中是引起了怎樣大的效果，人們可以想像得到罷。這是一個繼續了數十年的凱旋遊行，就是黑格爾死了也還沒有靜止下來。反之，從一八三〇年到一八四〇年這個"黑格爾風"簡直是獨占地流行了，就是他的反對者們也多少感染了。正在這個時候，黑格爾的思想，有意識地或無意識地，最豐富地侵入於一切的科學中，就是在爲所謂"有教養的意識"之思想的糧食的通俗書及日報中也充滿了。但是這個涉及全線的勝利也只不過是一個內部的鬭爭底序曲。

從我們上述的看來，黑格爾的總學說留下了一個包容種種不同的實際的黨派意見之很大的地步。而在當時德意志的理論界如問實際的問題是什麼：首先就是宗教與政治這兩個東西。誰將重心放在黑格爾的體系上，誰就會在這兩個領域上成爲保守主義者，誰以他的辯證法的方法爲主要點，誰就會在宗教上及政治上成爲極端的反對者。從全體看來，黑格爾自身就似乎是傾向於保守的方面，雖然在他的著作中屢流露革命的憤激。在他，體系倒是比方法還更費了"思想底困難工作"。

1 从黑格尔到费尔巴哈

在一八三〇年代的末期,這個學派裏的分裂越發更顯著了。左派即所謂青年黑格爾派在與敬虔的正統派及封建的反動派的鬬爭中漸漸放棄了那個對於熱烈的時事問題之哲學的裝做高貴的容忍——這個容忍從來對於他們的學說是保障了國家的默認甚至保護的。直到一八四〇年當正統派的偽信與封建專制的反動和威廉四世(註一)一同登了王位的時候,公開的黨派結成已經成為不可避了的。鬬爭還是用哲學的武器,但目的已經不是抽象的哲學的,而是直接地要消滅傳統的宗教和現存的國家了。在"德意志年報"(註二)裏實踐的最後目的雖然主要地還是扮上了哲學的裝飾,但在一八四二年的"萊因新聞"(註三)裏這個青年黑格爾學派已直接地呈現為新興急進的資產階級底哲學而揭穿了牠的內幕,只是因為要蒙蔽檢查才用了這個哲學的外衣。

(註一) 從一八四〇年到一八五九年(死於一八六一年)。

(註二) 一八三八年以來盧格所編輯的"關於德意志科學

及藝術的哈勒年報"，因爲檢查的理由，一八四一年以來在馬克思及包埃爾的合作下發行爲''德意志年報"。一八四四年魯格與馬克思又出了一個姊妹雜誌''德法年報"。

(註三) 一八四二年一月一日在 Köln 出版。從一八四二年十月到一八四三年三月是馬克思編輯。

但在當時政治是一個荊棘很多的莽原，所以將主要鬪爭轉向到宗教了。這間接地也是一個政治的鬪爭，尤其是從一八四〇年以後。一八三五年施特勞斯(註一)底"耶穌傳"開始了最初的攻擊。對於在這書裏所展開的福音書的神話形成之理論，後來布魯諾包威爾(註二)以如次的證明對抗了：福音書的故事全體是福音記者自身底創作。這兩者間的論爭在"自我意識"對"實體"的鬪爭這個哲學的外衣下舉行了。福音書的奇蹟故事是因原始共產團體的胎中之無意識的傳統的神話形成而發生了的呢，還是爲福音記者自身所創造了的這個問題漸次擴大而發展爲世界歷史中的決定的原動力是"實體"呢還是"自我意識"這個問題了。最後又來了一個現在的無政府主義的預言者斯蒂芮 (註

40

三) ——巴枯寧很有許多地方是取之於他的——，他以他的至上的"唯一的人"把這個至上的"自我意識"抬上了最高峯了。

(註一) David Friedrich Strauss (1808—1874)。關於一八三九年的"耶穌傳"所給與恩格斯的影響，參看Mayer的"青年期的恩格斯"，二七頁以下及三二頁。

(註二) Bruno Bauer (1809—1882)。他一八四〇年，一八四一年及一八五〇年以來發表了關於基督教起源的批判的著述。

(註三) Max Stirner (1806—56)。他的主著是"唯一的人及其財產" (Das Einzige und sein Eigentum 1845)。

我們不再追究黑格爾學派底這方面的分裂過程了。對於我們更重要的是：最有決斷的青年黑格爾派底一團因迫於與旣成宗教的鬬爭之實際的必要而轉變到英法的唯物論了。在這裏他們不得不與他們學派的體系衝突了。唯物論是以自然為唯一的實在的，而在黑格爾的體系這不過是絕對理念底"外化"卽理念底退化。無論如何這裏的思維和思想產物（理念）總是根源的，而自然只是派生的，牠只因理念一般底低下才能存在的。而他們正是在這個矛盾中旋轉着，是壞也好，是好也好。

這時候費爾巴哈的"基督教底本質"出現了。因牠毫不猶豫地把唯物論再請上了王位，這書因而一舉就粉碎了這個矛盾。自然與一切哲學無關獨立地存在；牠是我們人類發育於其上的基礎，而人類自身又是牠的產物；除自然及人類以外，沒有什麼東西存在，我們宗教的想像所創造的更高的本質只不過是我們固有的本質在想像上的反映。束縛被解除了，"體系"被粉碎而被排棄了，這個矛盾被視爲只在想像中存在的東西而解決了。這書是有怎樣的解放的力量，要親自體驗了的人們才能想像得到。感激是普遍的：我們一時都是費爾巴哈主義者。馬克思是怎樣熱烈地歡迎了這個新見解，雖然保留了一切的批判，他又是怎樣爲牠所影響了，我們在"神聖家族"中可以看得出來。

（註）

(註) 馬克思恩格斯共著，''神聖家族或批判的批判之批判''，一八四五年，遺稿集第二卷。如二四八頁裏有：''把形而上學的絕對的精神溶解於'立在自然底基礎上的現實的人類，因而能站在黑格爾的立場而完成且批判了黑格爾的費爾巴哈才完成了宗教底批判，同時為要批判黑格爾的思辨哲學及一切的形而上學又抽出了偉大且優越的根本特質。''或一九四頁以下：''誰消滅了概念底辯證法及只有哲學家才能知道的神們的戰爭？費爾巴哈。誰將'人類'——不是'人類底意義'，好像人類除他是人類這個意義以外還有別的意義一樣——來代替了舊的廢物，也代替'無限的自我意識'！費爾巴哈且只有費爾巴哈。''

就是這書裏的錯誤也反而加強了他一時的影響。牠美文調的有時是像煞有介事的文體越發增加了廣大的讀者，而承多年的抽象的難解的黑格爾風之後更是一劑清涼散。潤澤的愛之神化也是一樣，人們因為對於"純粹思維"底至上權已經厭倦了，因而對於這愛之神化也有寬容的態度，縱使還不到承認。可是不要忘記：從一八四四年以來像傳染病一樣蔓延了"有教養的"德意志的"真的社會主義"正與費爾巴哈底這兩個缺點聯繫了。以漂亮的文句來代替科學的認識,以因"愛"而解放人類來代替因生產之經濟的改造而解放無產階級。簡言之,這化成了使人感到不愉快的漂亮的文句和鬱陶的愛了。而這個的典型是Karl Grün。

還有不可忘記的是:黑格爾學派雖然消滅了,但黑格爾哲學還沒有批判地被克服。施特勞斯與包威爾各取了一方面而攻擊他方面。費爾巴哈破壞了體系而簡單地排棄了。但是不能只是簡單地說牠是錯誤了而便能將一種哲學克服的。給國民底精神的發展以很大的影響的黑格爾哲學這樣的厖大的業蹟是不能只是漠視便能排棄得了的。牠應該在牠特有的意義上"被奧伏赫變",卽牠的形式批判地否棄,因牠所獲得了的新的內容却保留這個意義。這是怎樣的情形以後再說。

但像費爾巴哈排棄了黑格爾一樣,一八四八年的革命也同樣不客氣地排棄了哲學的全體。而因此費爾巴哈自身也被擠到背後了。

44

2

觀念論與唯物論

一切哲學尤其是近代哲學底根本大問題是思維與存在的關係的問題。在很古的時候，人類對於自身的肉體構造還是完全無知而為夢像（註）所刺激，因達到了這樣的觀念：思維與感覺不是肉體的活動，而是宿於肉體中在臨死時又離開牠的一種特殊的靈魂之活動。——從這個時候以來，人類就不得不想及靈魂與外界的關係這樣的問題了。如果靈魂在死時離開肉體而繼續生存，則沒有再附與牠一種特別的死的理由了。於是發生了靈魂不滅的觀念，這在那個發展階段上決不是一種慰藉，而是一種人類所不能抵抗的運命，又像在希臘人一樣，有時常是一種積極的不幸。誘導到無聊賴的人生不死的構想的不是宗教上的慰藉的要求，而是因爲無知，在肉體死後不知把已認定了的靈魂到底怎樣這個混惑。經過完全同一的徑路，因自然力底擬人化而發生了最初的諸神，這些神們在各種宗教的發達中漸次取了超世界的形態。在精神的發展經過中自然地起了抽象的——寧說是蒸溜的——作用，在這個抽象及蒸溜底過程中，終於從許多的多少被限制的而又互相限制着的神們發生了一神教的唯一的神於人類頭腦中了。

(註) 就是現在的未開化民族及程度低下的野蠻民族還一般地有這個觀念：在夢中出現的人類的姿態是暫時離了肉體的靈魂。因而現實的人間對於他的夢像加之於做夢的人的行爲是有責任的。譬如一八八四年Imthurm在Gayana島的印度人中就發現了這樣的思想。

46

思惟對於存在的關係和精神對於自然的關係這個問題是全哲學底最高的問題。而這個問題和一切的宗教一樣，是在野蠻狀態之狹隘的無知的觀念中有牠的根源。但要在歐羅巴的人類從中世紀基督教的長期的冬眠一覺醒來了的時候，這個問題才獲得了牠完全的意義而以充分明確的形式被提起了。思維對於存在的地位的問題在中世紀經院哲學中也有很重大的意義，卽這個問題：什麼是根源的東西，精神呢，還是自然？這與教會相違背而發展爲是神創造世界還是世界自太古以來就存在了這個問題了。

因對於這個問題的解答不同，哲學家分成爲兩大陣營了。主張精神對於自然的根源而結果又容認了某種形式的世界創造的人們——哲學家的譬如黑格爾的世界創造是比基督教的世界創造更爲荒唐更爲不可能——構成了觀念論的陣營。反之，以自然爲根源的東西的人們是屬於唯物論底種種的流派。

本來觀念論與唯物論這兩個表現除此以外沒有別的意義，而在這書裏也只在這個意義上使用這兩個名辭。至於加入了別的意義會引起什麼混亂，我們在後面再敍述罷。

但思維對於存在的關係的問題還有一個方面：我們關於圍繞我們的世界的思想對於這個世界自身是什麼關係？我們的思想是否能認識現實的世界？我們是否能在關於現實的世界之表象及概念中產出實在性之正確的映像？這些問題在哲學的語義上叫做思維與存在的同一性之問題，而為大多數的哲學家所肯定了。譬如在黑格爾，這個肯定是明白的；因為我們在現實的世界中所認識的即就是牠的思想的內容。這是使世界為絕對理念底階段的實現的，而這個絕對理念永遠地，與世界獨立地又在這世界以前已經就在什麼地方存在着了。但思維能認識已經是思想內容的內容自然是明白的道理。同樣地，這裏應該證明的已經潛存於前提中也是很明白的道理。但這對於黑格爾決

48

沒有妨礙，他依然能從思維與存在底同一性之證明更進而引出了如次的結論：他的哲學對於他的思維是正確的，所以也是唯一的正確的；又思維與存在的同一性應在這裏頭確證，卽人類馬上把他的哲學從理論翻譯爲實踐，而照黑格爾原理來改造全世界。這是一種幻想，黑格爾與一切的哲學家都分有的。

但同時還有另外一批的哲學家。他們反對世界底認識之可能性，或至少是反對完全無遺的認識之可能性。從前的不說，新的裏面休謨(註一)與康德是屬於這類的。他們在哲學的發展上是演了很重要的脚色。要是在觀念論的立場的可能範圍內，對於這種見解的反駁黑格爾早已經做到了。費爾巴哈所加上的唯物論的要素與其說是深刻，不如說是有才氣。但對於這個見解的最有力的反駁，像對於一切的哲學的幻想一樣，是實踐卽實驗與產業。如果我們在證明我們關於自然事象底理解之正確性時，能製造自然現象自身，依牠的條件而產生牠，更能使牠適用於我們的目的而成爲有用的，如果能這樣，則康德底那個不可捉摸的"物自體"(Dirg-an-sich) 自然就會消滅。在動植物的體中所發生的化學的要素，到有機化學開始把牠一個一個的說明時止，依然還是一個這樣的"物自體"。但一開始說明的時候，這個"物自體"成了"我們的物"了。譬如，茜草的色素阿里薩林(Alizarin)(註二)便是這樣。現在我們不再只是讓牠發生於原野的茜根裏，而從 Kohlenteer 更廉價地更簡單地製造出來。哥白尼(註三)的太陽系三百年間都是假說。雖然差不多是沒有錯誤的，但依然還只不過是假說。可是當婁佛立葉 Leverrier (註四) 用哥白尼體系所給與的材料不但算定了一個未知的行星底存在之必然性，且更算定了這個行星在天體中所應佔的位置的時候，又當加勒 Galle (註五) 更進而現實地發現了這個行星的時候，哥白尼的體系才證實了。但雖然是這樣，在德意志新康德派還企圖康德思想的復活，在英國(在這裏休謨的思想決沒

50

有死滅）不可知論者（註六）還企圖休謨思想的復活。這是怎樣的呢？這是違背了多年繼續着的對於這些思想的理論上的及實踐上的反駁，從學問上看來，是一個退步，從實踐上看來，是一種偷偷地承認了唯物論而公然地又否認牠的無恥的勾當。

（註一）　休謨（Hume, 1711—1776）在一七四八年發表了他的"人類悟性的研究"（Enquiry concerning Human Understanding）。

（註二）　一八八六年以來人工地製造。

（註三）　哥白尼（Kopernikus, 1473—1543）。

（註四）　法國天文家，死於一八七七年。

（註五）　Breslau 的天文家，一八四六年發現了海王星。

（註六）　參看恩格斯的"史的唯物論"（本書的附錄）。

但在從笛卡兒（註一）到黑格爾及從霍布士（註二）到費爾巴哈的這個長期間中，哲學家們也決不是像他們所信的一樣，完全爲粹純思維底力量所鼓動了。恰恰相反。眞實地鼓動了他們的是自然科學及產業之強大的且急激突進的進步。在唯物論

51

者們這已經表現於表面上了，但觀念論的體系也越發帶上了唯物論的內容而想汎神論地調和精神與物質的對立。因此黑格爾的體系終於也只不過是一個在方法及內容上觀念論地顛倒了的唯物論。

(註一) Descartes, 1596—1650, 法國思想家, 近世哲學的創始者。

(註二) Hobbes, 1588—1679, 英國唯物論的哲學家, 英國革命時代的人。

因此，Starcke在論述費爾巴哈的特徵中首先就研究他對於思維與存在的關係這個根本問題的地位是很有道理的。他在序文中用不必要的哲學上難解的語句敍述了從前的哲學家，尤其是康德以後的哲學家底見解，而關於黑格爾，因太過於形式地拘泥於他的著作中的個個的章句，只簡單地提及。在這個短的序文後，他接着一個依照著作的順序的費爾巴哈的"形而上學"自身底發展過程之詳細的敍述。這個敍述是勤勉的而且概括的，但這

52

書的全體却用了一個完全不必要的哲學的表現法，而著者如果是用了同一學派的或者是費爾巴哈自身所用的表現法，那倒不太要緊，但他却混進了種種絕不相同的，特別是現在流行着的自稱哲學的諸流派之表現法，所以更特別覺得煩厭。

費爾巴哈的發展過程是一個黑格爾派——固然不是完全正統的——到唯物論的發展過程。卽這是一個在一定的階段上需要與黑格爾觀念論的體系完全絕緣的發展。費爾巴哈迫於不可抗的力量終於達到了這樣的見解：黑格爾的"絕對理念"之先於世界的存在，卽"論理的範疇之前存在"(Präexistenz der logischen Kategorien)不外是對於超世界的創造主的信仰之空想的遺物；我們自身所隸屬的物質的感官可以知覺的世界是唯一的實在的世界，我們的意識及思維，縱使是如何的似超感覺的，都是一個物質的肉體的器官——腦筋——底產物。物質不是精神底所產，精神自身倒只是物質底最高的產物。這自然是純粹的唯物論。但一到了這裏，費爾巴哈便停頓了。他不能克服習俗的哲學的偏見——一個對於唯物論的名稱而不是對於唯物論的實質的偏見。他說："唯物論對於我是人類本質及知識底建築物之基礎。但唯物論對於我不是像對於生理學家及狹義的自然研究家——譬如摩勒叔(註一)——一樣。而從他們的立場及專門看來，唯物論必然地不是建築物的基礎，而是這個建築物自身。在後方（Rückwärts）我完全與唯物論者一致，但在前方（Vorwärts）就不是一樣。"(註二)

(註一) Moleschott, (1822—1893)。主要著作："生之循環"（Der Kreislauf des Lebens）。

(註二) 費爾巴哈已經在"基督教底本質"第二版序文中說過："在本來的理論哲學的領域內，與黑格爾的哲學直接對立——正相反的正在這裏發生——只有在上述的意義上的實在論及唯物論才對於我有價值。"

在這裏，費爾巴哈把以物質與精神的關係之一定的見解為基礎的一般的世界觀這個唯物論和這個在一定的歷史的階段卽十八世紀裏所取的特殊形態混同了。不但如此，他還把這個唯物論和現在在自然研究家及醫學家的頭腦中還繼續存在着，而在過去五十年間爲 Büchner（註一），Vogt（註二）及摩勒叔等所傳播了的十八世紀的唯物論之平易化且俗惡化了的形態混同了。但和觀念論經過了一列的發展階段一樣，唯物論也是相同。在自然科學的領域內每逢一有了劃時期的發現，唯物論便不得不變更牠的形式；而自歷史之唯物論的研究開始以來，便在這方面也開拓了一條新的發展的軌道。

（註一） Louis Büchner (1824—1899)，主著：''勢力與物質'' (Kraft und Stoff, 1855)。

（註二） Karl Vogt (1817—1895)，''迷信與科學'' (Köhlerglaube und Wissenschaft 1855)。（關於 Vogt 的政治的告發行爲，馬克思一八六〇年在反駁書 "Herr Vogt' 裏清算了)。

前世紀(十八世紀)的唯物論顯著地是機械

的，還是因為在當時一切的自然科學中只有力學特別是天體和地球這樣固形體的力學，簡言之，重力學才達到了某種程度的完成的原故，當時的化學才只有幼稚的燃素說(註一)的形態。生物學還是在襁褓中。動植物的有機體只概略地研究而且純從機械論的原因來說明。像動物對於笛卡兒一樣，人類對於十八世紀的唯物論者只是一個機械。(註二) 對於化學的及有機的自然現象力學的法則固然是可以適用，但秘別的更高的法推到背後去了。這種力學的標準對於自然現象之極端的應用使古典的法蘭西唯物論形成了一種特殊的而在當時又是不可避免的偏狹性。

(註一) 化學家斯達爾 (Stahl, 1660–1734) 相信一切可燃性物體都包含一個共通的物質——燃素（有可燃性的東西）。

(註二) 法蘭西的醫生及哲學家拉梅特利 (Lamettrie, 1709–1751) 在一七四七年發表了他的著作 "人類是一個機械" (Der Mensch eine Maschine)。

56

這個唯物論底第二個特殊的偏狹性是在於牠不能把這個世界理解爲一個過程，爲一個在歷史的進化中的實在。這是與當時的自然科學的狀態及相關聯的形而上學的即反辯證的哲學方法相對應的。當時的人們也都知道自然是在永遠的運動中。但依當時的思想，這個運動永久是循環着，因而一步也不能前進，只反覆地產生同一的結果。這個思想在當時是不可避免的。康德底太陽系發生理論(註一)直到現在才出現，而且只不過被視爲奇說。地球發達史即地質學還完全不知道。今日的有生命的自然物是一個從單純的進向到複雜的的長期的發展系列之結果這個觀念，當時一般地還不能科學地構成。因而非歷史的自然觀也是不能避免的。因爲在黑格爾也有這樣的自然觀，所以我們不能以這點來責備十八世紀的哲學家。在黑格爾，自然只不過是理念底"外化"，所以不能有在時間中的發展，而只能有在空間中的牠的多樣性之擴張。因而自然同時地且并立地展開牠所包含着的

57

一切的發展階段，而帶了永遠循環着同一過程的運命。這時候，地質學，發生學，動植物生理學及有機化學都形成了，而以這些新的科學爲基礎到處都表出了後來進化論底天才的預見（譬如哥德與拉馬克(註二)）。但正在這個時候，黑格爾漠視了時間這個一切發展的根本條件，而以空間上的且時間外的發展加上於自然。這是體系要求這樣，因而方法爲着偏愛體系的原故也不得不犧牲自己了。

（註一）　參看康德的＂一般的自然史及天體論＂(Allgemeine Naturgeschichte und Theorie des Himmels, 1755)。

（註二）　Lamarck(1744-1829)，一八〇九年拉氏的＂動物哲學＂出版了。

在歷史的領域內也有這個同樣的非歷史的見解。在這裏，對於中世紀的殘骸的鬥爭使眼界偏狹了。中世紀被視爲歷史底因千年間的一般的野蠻狀態的簡單的中斷。中世紀的大進步——歐羅巴文化領域的擴張，并立地形成了的有生命的大民族,最後,十四世紀及十五世紀的巨大的技術上的進步——這些一切都被人們抹殺了。因此,合理地洞察偉大的歷史的關係爲不可能,而歷史至多不過是爲哲學家們用以做實例及例證的堆積。

五十年間在德意志販賣了唯物論的商人決不能越他們教師的雷池一步。(註)從來自然科學底一切的進步只不過爲他們用以做否定世界創造主底存在之新的論據。實際上,更發展這個理論是他們生意以外的事。雖然觀念論是已經沒有方法維持,而且因一八四八年的革命更當面着死了,但看到唯物論一時比這個更零落得厲害,也體驗了相當的滿足。費爾巴哈拒絕了對於這種唯物論的責任是決定地正當的;只是他不應該把巡囘說教者們的教說和唯物論一般混同了。

(註) 以下三句的說明在恩格斯的遺稿集中有更長的文章,更詳細地敍述了自然科學底發展。參看附錄。

但這裏有兩點應注意的。第一,在費爾巴哈的生時,自然科學還是在那個急激的酸酵中,這在最近十五年間才比較的澄清了。這以未曾有的量供給了新的知識材料，但在極熱鬧的發現底混沌中把關聯及秩序組成起來是直到最近才為可能。固然，費爾巴哈經驗了三個重大的發現——細胞的發現，能力變化的發現及為達爾文所命名的進化論的發現——這三個他都在生時經驗過了。但一個隱遁於鄉間的（註）孤獨的哲學家如何能充分地研究科學以致他能正當地評價這些發現呢？何況當時的自然科學家自身尚且有一部分是反對，有一部分是不能充分地理解來利用這些發現呢？這只應歸咎於當時可憐的德意志的狀態，因這個狀態，當時德意志的哲學講壇盡為好事穿鑿的折衷派的咬文嚼字所佔領了。反之，高出於他們的費爾巴哈却不得不在一個小村裏間渡其餘生。因此，費爾巴哈縱使在當時沒有把握着除去了法蘭西唯物論底一切偏狹性的而現在才為可能的歷史的自然觀，也不是他自己的罪過。

（註）費爾巴哈從一八三七年就隱遁於鄉間，一八七二年

在寂寞及經濟的壓迫中死了。

第二，費爾巴哈在這一點却完全是正當的：單是自然科學的唯物論固然"是人類知識的建築物底基礎，但不是建築物自身"。因爲我們不僅生活於自然中，也生活於人類社會中，而社會之有牠自己的發達史及科學又不亞於自然。所以將社會的科學卽所謂歷史的及哲學的科學之總體與唯物論的基礎相調和而在這基礎上改造是最緊要的事。但這是費爾巴哈所不能做到的。（註）雖然有這樣的"基礎"，但他在這裏仍就拘囿於傳統的觀念論的圈內。他以"在後方我與唯物論者一致，但在前方就不是這樣"這句話自己也承認了這事。但在社會的領域內；誰沒有進到"前方"，誰沒有超過一八四〇年或一八四四年的立場，這就是費爾巴哈自身。而且這是因爲他的隱遁的生活使他不能在與他同樣的人們的友誼的及敵對的議論中產生思想，而不得不從他一個人的頭腦產生思想——雖然他比其他的哲學家還更喜社會的交際。在社會的領域內他還是怎樣的一個觀念論者，我們在後面詳細地敘述罷。

（註）"'德意志意識形態論'"中的關於費爾巴哈的斷片二四一頁裏說："'費爾巴哈關於感覺的世界之見解一方面制限於這個世界的單純的直觀,他方面制限於單純的感覺,以'人類'代替'現實的歷史的人類'。'人類',更實在點說,是'德意志人'……。"二四二頁裏說："'費爾巴哈沒有知道圍繞他的感覺的世界不是一個從永遠的太古就有了的常是同一的東西,而是產業與社會狀態底產物。而且在這個意義上是產業與社會狀態底產物：在每個歷史的時代中牠是全人類底活動之結果和產物,他們繼續着先人的事業,更發展其產業與交通,依照變更了的要求而變更社會的秩序……。"又在二四四頁裏："'費爾巴哈要是一個唯物論者,則歷史對於他就不存在,他要是觀察歷史,則他就不是一個唯物論者。"（馬克思恩格斯文庫第一卷）。

這裏應該注意的只是 Starcke 在不當的地方求費爾巴哈的觀念論。"費爾巴哈是一個觀念論者,他相信人類的進步。"（一九頁）——"全體底基礎及全體底下部構造是依然不失爲觀念論。實在論對於我們不外是一個當我們追求理想之流時不致陷於歧途的保障。對於眞理及正義的同情,愛及感激不都是理想的力量嗎?"(序文八頁)。

第一,這裏所謂的觀念論(註一)不外是理想的目標之追求。但這至多不過能適用於康德的觀念論及他的"無上命令"。(註二)可是 Starcke 也會想到罷:康德自己之所以稱他的哲學爲先驗的觀念論并不是因爲這裏以道德的理想爲主眼,而是由完全別的理由。哲學的觀念論是以對於道德的卽社會的理想的信仰爲中心這個迷信是從哲學的外部發生的,卽從死記了席勒詩中的少數哲學上的片言隻句的德意志俗人發生的。沒有人比這個完成了的觀念論者黑格爾更銳敏地批評了康德底那個無力的"無上命令"————因爲牠要求不可能的東西,又因爲牠決不能達到任何實在的東西,所以是無力————更沒有人比他更峻嚴地罵倒了爲席勒所導來的對於不能實現的理想之俗人的狂信(參看精神現象學)。

(註一) 恩格斯在這裏高調著觀念論與唯物論這兩個字一方面在世界觀的領域中他方面在人生觀的領域中的完全不同的概念內容。

(註二) 道德律底絕對的良心命令(康德的倫理學中的)。

第二,推動人類的一切的東西都一定要經過一次人類的頭腦,這是不可避免的。就是像飲食這樣的事也是一樣,——這是因頭腦的媒介感著飢渴而起,又因頭腦的媒介感著飽滿而終。外界對於人類的作用表現於他的頭腦中,在他的頭腦中反映為感情,思想,衝動和意志決定,約言之,"理想之流",而在這個形態中成為"理想的力量"。如果人類"追求理想之流"而接受"理想的力量"對於他的影響這樣的事情就能使他成為觀念論者,則每個常態地發達了的人類都生來就是一個觀念論者,那一般地還能有什麼唯物論者呢?

第三,從全體看來,人類至少在現在是向著進步的方向前進這個信念對於唯物論與觀念論的對立是絕對沒有什麼關係。法蘭西唯物論者也不亞於理神論者的伏爾泰（註）及盧梭，懷抱這個信念差不多到了狂熱的程度，而且時有了最大的一身上的犧牲。如果有什麼人將他的全生活貢獻給"對於眞理及正義的感激"——在好的意義上的——如果有這樣的人，則狄德羅（Diderot）便是一個好的實例。因此，如 Starcke 說這些一切都是觀念論，則這只證明唯物論這個名字及唯物論與觀念論這兩個傾向的全對立對於他都失去了意義。

（註）"理神論者"（Deisten）雖然相信有神，但只視牠為世界的創造者，而不把牠當做世界的統治者，而且以"自然宗教"與教義的教會宗教對立着。

說句實在話，Starcke 在這時候實是對於培養於長期的僧侶的毀謗的俗人之關於唯物論這個名稱的偏見作了一個不可饒恕的讓步——縱或他自己是不知道的罷。這些俗人解唯物論為飲食，目的享樂，肉慾，虛榮心，貪慾，所有慾，利潤剝削及投機，一句話，他們自己不自覺地為其奴隸的一切齷

65

靦的罪惡。而觀念論則解爲對於道德，普遍的人類愛及一般地"更好的世界"的信仰；他們以此誇言於他人之前，而其實他們至多不過是在從他們習慣的"唯物的"放蕩所必然地發生的酩酊及破產中才信仰所謂"更好的世界"，他們不是常愛唱這樣的歌嗎？——"人是什麼——半是獸，半是天使"。

此外，Starcke對於現在德意志自稱哲學家的自負不凡的大學講師們之攻擊及說教，很努力替費爾巴哈辯護。對於德意志古典哲學底這樣的後生感着興趣的人們，這的確是重要。對於Starcke自身也似乎是必要罷。但我們不再以這事來麻煩讀者了。

3

費爾巴哈底宗教哲學及倫理學

我們一談到費爾巴哈底宗教哲學及倫理學，他的真的觀念論便明白地表現出來。他決不想廢棄宗教，他只想把牠完成。哲學自身應融入於宗教。"人類的各時期只因宗教的變化才能區別。要潛入於人類的心情中，歷史的運動才能達到根柢。宗教雖然應存在於心情中，但心情不是宗教的一個形態，牠是宗教的本質"。（根據 Starcke 一六八頁所引用的）。依費爾巴哈，宗教是感情關係，是人類與人類間的心情的關係。這個關係，從來只在實在性之空想的映像中——卽在爲人類性質之空想的映像的一神或多神的媒介中——求牠的眞相，現在却在"我"與"你"間的愛中直接地且沒有媒介找出了牠的眞相。這樣，在費爾巴哈，兩性愛雖然不是他的新宗教實行之最高的，終於也成了最高的形式之一了。

只要是人類存在，人類間的特別是兩性間的感情關係也存在。特別是兩性愛在過去八百年間有了長足的進步而獲得了很高的地位，這使牠在這期間成了一切詩底必須的中軸了。既成的宗教只以淨化兩性愛之國家的規定卽結婚法爲能事，可是這些宗教明天就都消滅了，而愛與友情底實際也絲毫不會變更。譬如在法蘭西，基督教在一七九三年到一七九八年間事實上是消滅了，以致就是拿破侖再要恢復牠時，也要遇到反對及困難。而且在這期間幷沒有發生對於費爾巴哈所謂的代用物之要求。

在這裏，費爾巴哈的觀念論是存在於這一點：即他以基於相互愛好的人類相互間的關係如兩性愛，友誼，同情及犧牲等是不能單獨自身地存在，如果這些關係要是與一個特殊的，在他看來是屬於過去的宗教沒有因緣。他主張這些關係要用宗教的名義淨化了才能獲得其完全的意義和價值。在他，主要的事是將純粹人類的關聯理解爲新的眞的宗教，而不是這些關聯存在。這樣的關聯是要蓋上了宗教的印章才能有完全的價值。宗教是從"Religare"這個字來的，本來有結合的意義。所以兩個人間的一切結合都是宗教。這樣的語原學上的雕虫小技成了觀念論哲學底最後的手段。不是從這個字底實際的使用之歷史的發展看牠有什麼意義，而是從語原上定牠應該有什麼意義——這是他們的主要點。這樣，兩性愛及性的結合都神化成爲一個"宗教"了，而這只爲的是不要從言語把對於觀念論的囘想是貴重的宗教這個名字消滅的原故。在四十年代路易布蘭派(註一)的巴黎改良主義者正說着同樣的事，他們以爲沒有宗教的人只能是一個怪物,且常對我們說:"這樣,無神論就是你們的宗教!"(註二) 如費爾巴哈想在本質地唯物論的自然觀之基礎上建設眞的宗教，則與視近代化學爲眞的鍊金術是同樣的事。如宗教沒有神可以存在,則鍊金術沒有賢者之石也可以存在罷。倘且在鍊金術與宗教之間是有很密切的關聯。賢者之石是有許多類似神的性質。而且紀元第一二世紀的埃及希臘的鍊金術士幫助了基督教教義的發達，是柯蒲(註三) 及貝爾特羅(註四) 用事實的材料證明了的。

(註一) Louis Blanc (1811—1882), 一八四〇年發表了他的"勞動底組織"。

(註二) Donc, l'athéisme c'est votre réligion!

(註三) Hermann Kopp (1817–1892), 主著"化學史"。

(註四) Berthelot (1827—1907), 法蘭西的化學家。

費爾巴哈底 "人類底各時期只能因宗教的變

化區別"這個主張是決定地錯誤了。只是考慮到旣成的三大世界的宗教——佛教，基督教及囘教的時候，偉大的歷史的轉變期才隨伴着宗敎的變化。自然地發生了的古時種族及民族宗敎本不是傳敎的性質，這些種族及民族底獨立性一破壞了的時候，便失去牠一切的抵抗力。在日耳曼民族的場合，只簡單地與正在崩壞的羅馬帝國及為牠所採用而與牠的經濟的政治的及思想的狀態相適應的基督敎的世界宗敎一接觸，牠的民族宗敎便失去了力量。只在多少人為地發生了的世界宗教如基督敎及囘敎的場合，我們才看到一般的歷史的變動帶了宗敎的特色。就是在基督敎的領域內，實際上有普遍的意義的革命帶着宗敎的特色的也只限於從十三世紀到十七世紀的資產階級底解放鬥爭之第一個階段。而且這不是像費爾巴哈所想的一樣，可以從人類的心情及其宗敎的要求來說明，而是要從在整個中世紀的前史除宗敎及神學以外不知有任何形式的意識形態這個事實來解釋的。但

71

到了十八世紀，資產階級變成可以有他們特有的與他們的階級立場合致的意識形態這樣强有力的時候，他們就專訴之法律的及政治的觀念而遂行了他們自身的偉大且終局的革命卽法蘭西革命。只在爲他們進路的阻礙時才顧慮到宗教，他們絲毫沒有想到要以新的宗教來代替舊的宗教。我們都知道羅伯斯皮耳（註）爲這事是經驗了怎樣的失敗。

（註） Robespierre (1758—1794)，他在失敗的數月前想以歌劇的形式來上演"'最高神的崇拜"。

人類互相交際中的純人類的感情之可能性在現在已經爲我們不得不行動於其中的階級對立及階級支配的社會妨害得夠了，我們自己再沒有把這些感情神化成一種宗教來更妨害牠的理由。而且對於歷史上的偉大的階級鬪爭之理解爲限於一國的尤其是德意志的史書弄得已經夠朦朧了，所以我們也沒有把階級鬪爭史轉變爲單是敎會史的附錄來把這個理解弄成完全不可能的必要。只這一點就已經指示了現在我們與費爾巴哈是距離得怎樣遠。他的紀念新的愛之宗教的"最美麗的文章"現在已經是不值得讀了。

費爾巴哈所熱忱地研究的唯一的宗教是基於一神論的基督教,西方之世界的宗教。他證明基督教的神只是人類之空想的反映,映像。但這個神自身又是長期間的抽象過程之產物,古代許多的種族及民族神之集中的精髓。同樣地,為神之原型的人類也不是實在的人類,而是許多實在的人類之精髓,是抽象的人類,因而又是一個思想底形像。費爾巴哈雖然在書中到處都說及感性,主張潛入於具體性及實在性中,但一談到比單是兩性的交際更廣的人類間的關係,同是這個費爾巴哈卻又變成徹底的抽象的了。

這個關係在他的眼中只呈現着道德這一個方面。而與黑格爾比較起來,我們又要驚奇費爾巴哈底貧弱。黑格爾的倫理學或道德論是法律哲學,且包括了以下的三個部分:一,抽象的法(Recht),二,

73

道德(Moralität),三,人倫(Sittlichkeit),後者又包括了家族,市民社會及國家。形式雖是這樣觀念的,而內容却是這樣實在的。在這裏,法律,經濟及政治底全領域總括成爲一體而與道德并立。但費爾巴哈正是相反。他在形式上是實在的,是從人類出發的;可是關於這個人類所住的世界却絕對沒有談到,因而這個人類依然還是在宗敎哲學中所說及的同一抽象的人類。這個人類并不是從母體的胎內產生,而是從一神敎的神脫化出來的,因此,他住的也不是一個歷史地成立且歷史地規定的實在的世界。固然,他也與別的人來往,但這個別的人也和他一樣,同樣地是抽象的。(註)在宗敎哲學中也還有男與女的存在,可是在倫理學中則連這個最後的區別也消滅了。自然,在費爾巴哈也間常有這樣的文句:"在宮殿中所思想的與在陋巷中所思想的是不一樣"。——"在飢餓和貧困之前你的身體中如沒有物質,則在你的頭腦中,在你的感覺及心情中也沒有達到道德的材料"(沒有飯吃,自然也做不起君子)。——"政治應成為我們的宗教"等等。但費爾巴哈一點也不知道把這些文句的意義更為發展，文句也終於只是紙上空談。就是Starcke 也不得不承認政治對於費爾巴哈是一個不能通過的境界，而"社會學對於他是一個不可知的領域(Terra incognita)"。

(註) 馬克思恩格斯的"德意志意識形態論"中的關於費爾巴哈的斷片裏 (馬克思恩格斯文庫第一卷二六三頁以下)："費爾巴哈以'公共人'的資格而自稱為一個共產主義者，把'這個'人變成為一個稱號，而共產主義者這個名字在現存的世界是表示一個一定的革命黨的黨員，他却信以為可以變成單是一個範疇。只是這一點的說明就已指示出費爾巴哈是怎樣的錯誤了。費爾巴哈關於人類的互相關係的全演繹只不過指出了人類是互相需要的，且過去常是需要了罷了。他想創定一個關於這個事實的意識，因而也像其他的理論家一樣，他只想關於現存的事實指示出一個正確的認識。但對於現實的共產主義者最緊要的是顛覆這個現存的世界。"

75

同樣在論究善惡的對立中，費爾巴哈與黑格爾比較起來也是很平常的。"黑格爾的意思是這樣：人們相信如說人性善就好像說了很偉大的事一樣，但他們忘記了如說人性惡是說了更偉大的事"。在黑格爾，惡是歷史的發展底推動力所顯現的形式。而且這有兩重的意義。卽一方面，每個新的進步必然地都是對於神聖東西的罪過，對於正在死滅的因習俗而神聖化了的舊的狀態的叛逆。他方面，自階級對立出現以來，歷史的發展之槓杆正是所有慾及支配慾這樣的人類底壞的情熱，譬如封建制度及貧產階級的歷史是證示這個的唯一持續的證據。但費爾巴哈沒有想到要研究道德上的惡之歷史的任務。歷史對於他一般地是一個不合脾味的不舒適的領域。"本來是從自然發生的人類也只是一個純粹的自然體，不是一個人類。人類是人類底產物，文化及歷史底產物。"——就是這樣的主張在他也終於沒有結成什麼果實。

費爾巴哈關於道德的論述是很貧弱的。人類

生來就有幸福的慾求的，而且這幸福的慾求應是一切道德的基礎。但這幸福的慾求經過了兩重的修正。第一，爲我們的行動之自然的結果所修正：酩酊的結果是宿醉，習慣了的無節制之結果是疾病。第二，爲行爲底社會的結果所修正：如果我們不尊重他人的同樣的幸福的慾求，則他人會防衛自己而妨害我們自身的幸福的慾求。因此，爲要滿足我們的慾求，我們應可以正當地評價我們的行爲之結果，他方面，也應承認他人的同樣的慾求之權利。對於我們自己的合理的自制，和他人來往中的愛——老是一個愛——因而是費爾巴哈的道德之基準，一切別的都是從這兩個基準演生出來的。就是費爾巴哈自身的最富有才氣的敍述及 Starcke 的最出力的稱讚也都不能掩蔽這一對命題的貧弱和平板。

關於一己幸福的慾求很少能滿足，至於只在與他人的交涉中而這個滿足對於自己和他人都是有利更是沒有的事。幸福的慾求是需要一個滿足的手段——與外界的交涉。因此營養,異性,書籍,談話,議論,活動及種種利用和消耗的對象是必要的。費爾巴哈的道德是假定了這些滿足底手段及對象是爲每人所有,要不然,便是這道德給與每人以一個不能實行的好的教說,因而對於沒有這滿足的手段的人們是不值得分文。而費爾巴哈自身却用乾枯的言辭說明這事:"人們在宮殿中所思想的與在陋巷中所思想的是不一樣。在飢餓與貧困之前如你的身體中沒有物質,則在你的頭腦中,在你的感覺及心情中也沒有達到道德的材料。"(註)

(註) 費爾巴哈在關於他最痛苦的最後的十年的自序傳中說(參看一九〇九年Kohut的費爾巴哈論,三一八頁):"因爲不能做什麼,所以不是什麼,又正因爲沒有什麼,所以不能做什麼——這樣的是一個否定的意識。我的確不過是一個很渺小的東西——至少對於世界,但這只是因爲我所有的是很少的原故。更多給些東西把我,則我也會更偉大點:沒有財產的也沒有意志。"

承認了他人同樣的幸福的慾求之權利又怎樣

呢？費爾巴哈以爲這樣的要求對於一切的時候及情況都是絕對地妥當的。但是從什麼時候起是妥當的呢？在古代的奴隸與主人間及在中世的農奴與地主間提起過幸福的慾求之同權嗎？被壓迫階級的幸福慾求不是毫無顧忌地且"依法地"做了統治階級的幸福慾求的犧牲嗎？——是的，這也是不道德的，但現在是承認了同權了。——在文字上的承認，自資產階級在與封建制度的鬥爭中及在資本主義的生產之發達中被迫得不得不廢棄身分的卽人身的特權，而第一先把私法上的，然後漸次公法上的同權導入以來。但幸福的慾求爲觀念上的權利所助生的只是僅少的一部分，大部分還是物質的手段。又因爲資本主義的生產只顧慮到被承認了同權的人們的大多數之貧乏的生活所必需的東西，所以大多數的幸福慾求之同權也一般地並沒有得到比在奴隸制或農奴制的時候更大的尊重。那末，幸福之精神的手段卽教育手段又怎樣呢？就是"沙多瓦的教師"(註)不已經也成了一個神話的人物嗎？

(註) 一八六六年 Leipzig 的教授皮失爾（Peschel）說：Königgrätz（=Sadowa 沙多瓦）的勝利是普魯士教師的勝利。

而且，照費爾巴哈的道德論，股份交易所是道德底最高的殿堂——只是在人們常是正確地思量這個前提之下。現在假定我的幸福的慾求引誘我到交易所去，而我在那裏正確地思慮我行爲的結果，以致牠只使我愉快而不給與我損失，卽常使我得利，則費爾巴哈的規定是滿足了。又我因這個也幷沒有侵害他人的同樣的幸福慾求，因爲他人也和我一樣是自由意志地走到交易所去的，而在與我的投機的結果，和我依從我的幸福慾求一樣，他也是依從了他的幸福的慾求。如他損失了金錢，則這是證明他的行爲是不正確因而是不道德，而我對他課了當然的罰金，更可以像近代的拉達曼圖斯(註)一樣得意揚揚了。愛也支配着交易所，如牠不只是一個感傷的文句。因爲每人都在他人中發現其幸福慾求的滿足，而這正是愛之所以應施行而實踐地作用的形態。如果我正當地豫想我的經營的結果，又有十分成功的把握去投機，則我充實了費爾巴哈的道德之一切最嚴格的要求，而且還要成為一個富人。換句話說，費爾巴哈的道德論對於現在的資本主義社會是很適合的，不管他自己不願或沒有預想到。

(註) Rhadamanthus，在古代希臘人的觀念中是一個地獄的審判者。

但是愛呢！――不錯，這愛對於費爾巴哈，無論何時何地都是打過實際生活中的一切困難之神通廣大的魔神，――而且在分裂為有正相反的利害的諸階級的社會中也是一樣。這樣，愛底革命的性質之最後的殘存物也都從哲學中消滅了，而剩下的只是幾句陳腐的老生常談：你們互相愛罷，你們沒有性及身分的區別地互相擁抱罷――萬人協睦的夢想。

一言以蔽之，費爾巴哈的道德論和他的一切

的先人的完全沒有什麼不同的地方。牠適應於一切的時代，一切的民族及一切的狀態。正因為這個，牠在無論什麼地方都不能實行，而對於現實的世界沒有力量也正和康德的無上命令一樣。實際上，每個階級，不，就是每種職業都有牠固有的道德，而不罰而能行的時候也就是破壞了這個道德。至於將一切的東西想融成一個的愛這個東西則表現於戰爭，爭端，訴訟，家庭紛擾，離婚及對於他人的盡可能的剝削中。

但費爾巴哈所給與的這樣有力的刺戟而對於費爾巴哈自己却變成了這樣無力是什麼原故呢？理由很簡單，因為費爾巴哈不能從他憎惡得要死的抽象發現到活生生的實在的道路。他很固着於自然與人類，但自然與人類對於他只是一句空話。關於現實的自然也好，關於現實的人類也好，他都不能告訴我們一些確定的事實。(註)只要我們把人類視為在歷史中活動的東西，則我們就可以從費爾巴哈底抽象的人類達到現實的有生命的人類。

82

而費爾巴哈違背了這個，所以他所不理解的一八四八年這一年對於他的意義只不過是與現實世界的最後的絕緣，到孤獨生活的隱遁。負這個責任的主要地還是使他零落的德意志的狀態。

（註）"費爾巴哈說的特別是關於自然科學的見解。……但沒有產業及商業,那裏又有過自然科學?就是'純粹的'自然科學也因商工業,因人類底感性的活動才得到牠的目的和材料。"（馬克思·恩格斯,"德意志意識形態論",馬克思恩格斯文庫,第一卷,二四三頁）。

但是費爾巴哈所沒有做到的進步無論如何是應該完成的。形成費爾巴哈的新宗教底核心的抽象人之崇拜是應以關於現實的人類及其歷史的發展之科學來代替的。這個超過費爾巴哈的立場的向前進展一八四五年爲馬克思在"神聖家族"中所遂行了。

4
辯證法的唯物論

施特勞斯,包威爾,斯蒂爾勒及費爾巴哈,這是黑格爾哲學的諸流派,只要他們沒有離開哲學的立場。施特勞斯在"耶穌傳"及"教義論"以後,專從事於魯南(註)式的哲學的及教會史的美文學。包威爾只在基督教的發生史方面有點成就,自然這也是很有意義的。斯蒂爾勒是一個怪物,就是在巴枯甯將他與蒲魯東混在一起而且把這個混合稱為"無政府主義"以後也依然還是一個怪物。獨有費爾巴哈才是一個重要的哲學家。但高出一切的科學且綜合一切的科學的"科學之科學"這個哲學對於費爾巴哈不但是一個不能超過的境界，不可接觸的神聖的東西，而且他也是一個停在半路上的哲學家；下半身是一個唯物論者，上半身是一個觀念論者。他沒有把黑格爾批判地處理，却只簡單地把牠當做無用的東西而拋棄，而他自己呢，與黑格爾體系之百科辭典的豐富比較起來，除裝腔做勢的愛之宗教及貧弱無力的道德以外，並沒有成就什麼積極的東西。

（註） Rênan (1823—1892)，法蘭西的東方學者，有許多的著作，一八六三年發表他的"耶蘇傳"。

但從黑格爾學派的分裂另外出現了別的一派，這是有實際的成果的唯一的一派，而這派主要地是戴上了馬克思這個名字。（註）

（註） "這裏允許我來說明個人的關係罷。近來有許多人論及我對於這理論的貢獻，所以不得不說幾句話來把這點弄明白。在我與馬克思的四十年的合作以前及合作中，我對

86

於這理論的建設及完成都多少有獨立的貢獻，我自已也不能否認。但指導的根本思想之最大部分，尤其是在經濟的及歷史的領域內的部分，又特別是這個根本思想之決定的銳利的把握，這些都是屬於馬克思的。我所貢獻的——除幾個關於專門的是例外——就是沒有我馬克思也能獨立地完成。可見馬克思所完成的，我便不能。馬克思比我們一切的人都站得更高，看得更遠，洞觀得更多且更敏。馬克思是一個天才，我們至多不過是一個能者。沒有他，則這個理論一定還不是現在這個樣子。所以這個理論當然要冠以馬克思的名字。"（恩格斯）——在人類的精神的偉大之歷史中差不多沒有第二個的恩格斯的這個謙遜在他一八八四年十月十五日給 J. Ph. Becker 的信裏也有同樣的話："我在一生中做了我相當的事，即做了一個第二提琴手。而我很榮幸，有了馬克思這樣的有名的第一提琴手。"（恩格斯，"被遺忘了的書信" Seehof版，五五頁。）

黑格爾的哲學因復歸到唯物論的立場而分離。換言之，人們決心要把現實的世界——自然及歷史——只從其在沒有觀念論的先入的妄想的每

87

個人的眼裏所反映的形態來把握。人們決心要把與在本來的而不是空想的聯絡上把握了的事實不一致的每個觀念論的妄想毫不顧惜地來做犧牲。而一般地唯物論這個東西沒有這個以外的意義。只在這個場合，唯物論的世界觀才眞摯地被研究，在知識之一切成問題的領域上——至少在原理上——這個世界觀才徹底地施行了。

黑格爾沒有這樣簡單容易便能處理。反之，人們倒採用了上所述的黑格爾之革命的方面，卽辯證法的方法。但這個方法在黑格爾的形式上是不適用了。在黑格爾，辯證法是概念之自我發展。絕對的概念不只是從永遠的古昔就存在，牠也是存在着的全世界之本來的有生命的靈魂。這個絕對概念經過在"論理學"中所詳細論究的一切豫備階段而發展到自己（這些豫備階段又都包含於絕對概念中）。然後將自己"外化"而轉化為自然，在自然中沒有意識自我而取自然的必然性這個形式。更經過一個新的發展，這個絕對概念終於在人類中又達到了自我意識。這個自我意識又在歷史中從低的素材發展到高的階段，直到最後這個絕對概念在黑格爾哲學中完全復歸到自己。所以在黑格爾，在歷史及自然中所出現的辯證法的發展——卽依一進一退的波狀運動而逐行的進展之因果的關聯——不外是人們不知是什麽地方可是從永遠的古昔就有了的常與人類頭腦沒關係的概念底自己運動之鉛版。這個意識上的顛倒是值得除去的。我們不再以現實的事物爲絕對概念之某一階段上的模像，却唯物論地以我們頭腦中的概念爲現實的事物之模像來把握。因此，辯證法還元到研究外部的世界及人類的思維這兩方面的運動之一般法則的科學。這兩個系列的法則從實質上看來是相同，但從表現上看來，在人類的頭腦能意識地把牠來應用的程度內又各異。可是這些法則在自然中，到現在大部分也在歷史中，無意識地且在外部的必然性之形式上貫徹於表面的偶然性之無窮的聯鎖中。但同時概念的辯證法自身只不過是現實世界底辯證法的運動之意識的反映，而以頭頂地的黑格爾辯證法又以脚立在地上了。唯物的辯證法一路來是我們最好的工作器具及最銳利的武器，但不可思議的是這個辯證法不但爲我們所發現，且在外部與我們沒關係地，不，就是與黑格爾也沒關係地，爲一個德意志的工人狄慈根（註）所發現了。

(註) Joseph Dietzgen (1828—1888)。參看他的"一個職工所看的頭腦勞動底本質"。他是一個無產階級的哲學的獨學者，他對於馬克思主義的哲學有非凡的貢獻。雖然在他的著作裏還有許多不明確的地方。關於這點參看列寗的"唯物論與經驗批判論"。現在要認識狄慈根的眞價實有許多弊病。如 Eugen Dietzgen 對於他父親的著作所上的類似滑稽的尊敬。——在這裏，老革命家狄慈根降低到改良主義者底精神的水平線了。

但因此黑格爾哲學之革命的方面又被攝取，而同時又從觀念論的裝飾解放了，這觀念論的裝飾在黑格爾是妨害了牠的徹底的逐行的。世界不應解為完成了的事物之複合體，而應解為過程之複合體。在這過程中，表面上固定的事物同在我們頭腦中的思想的模像即概念一樣，都要經歷生成與消滅底不斷的變化的。又在這不斷的變化中雖然有表面上的偶然性及一時的退步，但結果還是貫徹着一個向前進的發展。——這個偉大的思想特別是從黑格爾以來普及於一般世人的意識中，以致在這一般的性質上也找不到什麽異議。但在言語上承認這根本思想是一囘事，在正在研究下的各領域內實際地來實施這根本思想又是一囘事。但如我們常以這個觀點做研究的出發點，則馬上就沒有終局的解決及永遠的真理之必要了。人們時常意識着得到的認識是限制於牠所得到的事情之下，但同時也不會再為舊形而上學底不能克服的對立如真僞，善惡，同異，必然與偶然等所動心了。我們知道，這些對立只不過有相對的妥當性，現在認為真的有牠的後來要出現的僞的方面，同樣地，現在認為僞的也有牠的從前因此而被認爲眞的的眞的方面；必然事是從純偶然事所組成，而表面是偶然事的也是包藏必然事的形式——還有其他，這些都是我們所知道的。

黑格爾所稱爲"形而上學的"那個舊的研究方法及思維方法——這方法是專以事物爲所與的固定的存立來研究，而且現在還殘存於人們的腦中——在那個時代是有很大的歷史的理由。在能研究過程之前，應先研究事物。在能知覺某事物所呈現的變化之前，應先知道某事物是什麼。而在自然科學裏正是這樣的情形。視事物爲已完成了的東西的舊的形而上學是從把死的和活的事物當做已完成了的東西來研究的自然科學發生出來的。但當這樣的研究發達到可以有決定的進步，及可以推移到系統地研究隨伴着這樣的事物而在自然中出現的變化的時候，這個時候，在哲學的領域內舊形而上學也響了牠的弔鐘。而事實上，如果到前世紀（十八世紀）末自然科學主要地是蒐集的科學，研究完成了的事物的科學，則在十九世紀牠本質地是整理的科學，研究過程及事物之起源與發達的科學，把自然事件總括到一個大全體的關聯的科學。研究動植物有機體底過程的生理學，研究個個有機體從萌芽到成熟的發展的發生學，研究地殼之漸次的構成的地質學，這些一切都是十九世紀的產兒。

但使我們關於自然過程底關聯之知識有一個巨大的進步的特別是有三個大發見。第一是細胞的發見。即發見細胞成一單位，從牠的增殖及分化發達出動植物的全體，以致我們不但知道高級有機體的發達及生長是只依着一個一般的法則進行，因細胞的可變性也明白了有機體變種而因此能遂行個體以上的發達的道程。——第二是能力的變化。因這個發見才證明了在無機自然界中起作用的所謂勢力，即機械力及牠的補充物的所謂潛勢力，熱，輻射（光線及放射熱），電氣，磁力及化學力等都是宇宙的運動之不同的現象形態。這個運動在一定的比例上從一個運動變化到別一個運動，對於一個運動的消滅量出現別一個運動的一定量，這樣，自然的全運動是在不間斷的變化過程中從一個形態還元到別一個形態。——第三，達爾文在整個的關聯上展開了的證明，即現在在我們周圍的有機的自然產物（包括人類在內）之存在是起源於若干單細胞的胚芽的長期的發展過程之結果，而這些胚芽又是從化學地生起的原形質或蛋白質發生出來的。

因為這三個大發見及其餘的自然科學上的有力的進步，現在我們不但能把自然界諸現象間的關聯在個個領域上來證明，而且能在全體上證明個個領域間的關聯，以致因經驗的自然科學所給與的事實能用差不多是系統的形式來描繪一個自然關聯底展望圖。提供這樣一個全圖形，在從前是所謂自然哲學底任務。但只因以理想的想像的關聯來代替未知的現實的關聯，以思想模像來補充缺乏的事實及以單純的想像來充實現實的罅隙，只因這個自然哲學才能完成牠的任務。自然哲學在這個當中確也有過許多天才的思想，預知了許多後來的發見，但也做出了許多荒唐無稽的議論。但在今日，如要得到一個能滿足我們的時代的"自然之體系"，只要把自然研究底結果辯證法地，換句話說，在牠自身的關聯底意義上把握就夠了，而這個關聯底辯證法的性質就是形而上學地訓練了的自然研究家也不得不承認——縱使是非其本意，所以自然哲學在現在是徹底地被葬送了。如再有希冀牠的復活的企圖，則這不但是不必要，而且是一個退步。

關於自然——也當做一個歷史的發展過程——是這樣。關於社會底歷史也在一切的部門上都是這樣，又關於研究人類的（及神的）事情的一切科學底總體也是這樣。在這裏，歷史哲學，法律哲學及宗教哲學等之所以能成立的根據是在以在哲學家的頭腦中所造出來的東西來代替應在事實中證明的現實的關聯，在把歷史全體地又部分地看做理念之漸次的實現，而且自然又只是哲學家自己底愛好觀念之實現。從來人們都以爲歷史是無意識地却必然地向着一個預先確立了的理念的目標進行，譬如在黑格爾，是向着牠的絕對理念底實現這個目標，而這個向着絕對理念的確固的傾向又是形成歷史的事件之內面的關聯的。代替一個現實的還是未知的關聯，人們常設立一個新的——無意識的或漸次達到意識的——神祕的預啓。所以在這裏也完全和在自然中一樣，我們一定要發見現實的關聯來葬送人爲地造出來的關聯；結局這個任務是在發見貫通着人類社會的歷史中的一般的運動法則——支配的法則。

然社會的發達史在某一點上表示着與自然發達史本質地不同。在自然中互相作用的——如果除開人類對於自然的反作用——是純無意識的盲目的力素，在這些力素的交互作用中支配着一般的法則。在發生的一切事件中——出現於表面上的無數的外見的偶然事也好，立證存在於偶然性內部中的法則性的終極的結果也好——沒有一件是意欲了的意識的目的。反之,在社會的歷史中行為者是有意識的,以反省或熱情而行動的及向着一定的目的而活動的人類。沒有意識的意圖及意欲了的目標則沒有一件事會發生的。但這個區別,雖然對於歷史的研究,尤其是個個時代及事件之歷史的研究是很重要,却一點也不能變更歷史的行程為內部的一般的法則所支配這個事實。因為這裏雖然有各個人的意識地意欲了的目標,但在表面上偶然也大體有支配的勢力。意欲了的東西很少能出現,在大多數的情形,不是許多意欲了的目的互相交錯及反撥,便是這些目的自身本來就不能實現或者實現的手段不充分。因此,無數的個人意志及個人行動之衝突在歷史的領域中呈現出一個與支配無意識的自然界的狀態完全相類似的狀態。行動的目的是預定了的,可是實際地從行動所生的結果是不能預料的,或者開初好像與意欲了的目的一致,而結局是與預想的結果完全兩樣。歷史的事件大體上好像是為偶然所支配。但在表面上偶然雖然起牠的作用,而實際上偶然也常爲內部的潛隱的法則所支配,所以成問題的終於也只是在發見這個法則。

因各個人都追求他自己的意識地欲想的目的,人類創造牠的歷史(註)——不管這是好是壞。而這些許多的在各方面活動的意志及其對於外界的各種各樣的作用之合成力便是歷史。所以這多數的個人所欲想的是什麼終於也成爲問題。意志爲熱情或反省所規定。可是直接規定熱情或反省的槓杆又有許多複雜的種類。這一部分可以是外部的對象,一部分又可以是理想的動因,卽名譽心,"對於眞理及正義的感激",個人的憎惡或一切種類的純個人的妄想。可是一方面我們已經知道,在歷史中活動的多數的個人意志大體要引起與所欲想的完全不同的——甚至有時是正相反的——結果,所以個人意志的動因對於總體的結果無論在什麼情形都只有從屬的意義。他方面我們要再問,在這些動因的背後又有什麼推動力,在行爲者的頭腦中變形爲這樣的動因的又是什麼歷史的原因？

(註) 參看恩格斯的一八九四年一月二十五日的信(Engeles-Brevier,維也納,一九二〇年,一二八頁)："人類創造牠自己的歷史,而且是在一個所與的制約牠的環境中及在出現前面的事實的諸關係之基礎上創造牠自己的歷史。在這些關係中,經濟的關係,這雖然也許會爲其餘的政治的及意識形態的關係所影響,而終局是決定的,且畫成一根一貫的使人容易理解的紅線。"

舊的唯物論從沒有提出過這樣的問題。所以牠的歷史觀——如果是有這樣的東西——本質地也是世俗的,牠從行爲的動機判斷一切,把歷史地行動的人類分爲貴與賤,然後常例上發見貴的被欺侮,賤的是勝利者。而結果呢,從舊的唯物論看來,則在歷史的研究中找不出許多有教訓的東西,從我們看來呢,則在歷史的領域中舊的唯物論是對於自己不忠實,因爲牠把在歷史中活動的觀念的動力當做最後的原因,而不去研究在其背後有

99

什麼東西存在，什麼又是這些動力的動力。牠的不徹底不是在承認觀念的動力，而是在不能從這裏再進一步去追究推動這些動力的原因。反之，歷史哲學，尤其是黑格爾所代表的歷史哲學承認歷史地行動的人類之表面的及實際地作用的動因決不是歷史的事件之最後的原因，在這些動因的背後還有別的推動的力量，而這應值得探求的。可是牠不在歷史本身中去求這個力量，却從外部卽從哲學的意識形態輸入到歷史中。不從牠本身的內部的關聯去說明古代希臘的歷史，黑格爾却簡單地主張這歷史不外是"美的個性底姿態"之完成和這樣意義的"藝術品"之實現。黑格爾藉這個機會關於古代希臘說了許多美麗的及深邃的東西，但儘管是這樣，現在的我們決不能再滿足於這些只不過是空談的說明了。

這樣，如果問題是在探求存在於歷史地行動的人類之動因的背後的而又是歷史之眞正的最後的原因的推動力——意識的或無意識的，然常常是無意識的——則縱使有怎樣傑出的人材，我們的主眼不是各個個人的動因，而是推動廣大羣衆的，全民族的，若是在一個民族內則是各階級全體的動因。而且這也不是一時的閃光及卽刻就會消滅的爉火，而是貫徹一個歷史的大變化的持續的行動。闡明在行動的羣衆及其領導者——所謂偉大的人物——的頭腦中明瞭地或不明瞭地，直接地或在意識形態上反映爲意識的動因，只有這個，才是引導我們到發見支配全歷史及個個時代個個國家的歷史的法則之唯一的道路。推動人類的一切必須經過人類的頭腦。但在這頭腦中取什麽形式是要依靠當時的情勢。雖然勞動者已經不像一八四八年在萊茵一樣，不再簡單地破壞機械，可是儘管是這樣，勞動者決沒有與資本主義的機械經營妥協。

因爲原因與結果的關聯非常錯綜且潛隱着，在從前一切的時代關於歷史的推動的原因之硏究雖然差不多是不可能，但在我們現在，這個關聯是這樣的簡單化了，以致這個謎也可以解答了。自大產業的成就以來，因而至少從一八一五年的歐洲和平以來，英國的全政治鬥爭是以地主貴族及資產階級這兩階級的支配權要求為中心這個事實對於無論那個英國人都已經不是祕密了。在法蘭西，同樣的事實是與布爾邦（Bourbon）家的復歸同時現到意識上來了。從Thierry到Guizot, Mignet, Thiers這些王政復古時代的歷史家都以為這個事實是理解中世紀以來的法蘭西史的樞紐。而從一八三〇年以來，這兩國的勞動者階級，普羅列搭利亞特被認為爭奪支配權的第三個鬥爭者了。這些關係是這樣的簡單化了，要是你自己不故意背着眼睛，便一定會在這三大階級的鬥爭中及他們利害的衝突中看出近代歷史的推動力了——至少在兩個最進步的國家是這樣。

但這些階級是怎樣發生了的呢？舊封建的大地主之發生——至少在最初——一見可以歸之於政治的原因，強力的土地佔領，但資產階級及無產

102

階級的發生可就不是這樣了。這兩大階級從純經濟的原因發生且發達是很明顯的事實。這也同樣是明顯的事實；地主階級與資產階級間的鬥爭,同資產階級與無產階級間的鬥爭一樣，第一是為着經濟的利益,政治的權力只不過是實現經濟利益的單純的手段。資產階級和無產階級都是從經濟關係底——精確地說，生產方法底——變化之結果發生出來的。最初從基爾特的手工業到工廠手工業，然後從工廠手工業到伴着蒸汽經營及機械經營的大產業的這個轉變使這兩個階級發達了。在一定的階段上，這個為資產階級所運用的新的生產力——第一是勞動的分工及在一個總工廠手工業中的勞動者的統一——及因牠而發達了的交換條件及交換要求不可避免地要與現存的傳統的且為法律所神聖化了的生產秩序相衝突,換言之,不可避免的要與封建的社會組織之基爾特的特權及無數的別的人身的與地方的特權（這對於沒有特權的身分同樣地是一個桎梏）相衝突。資產階級所代表的生產力反抗封建的地主及基爾特的師東所代表的生產秩序。這結果是很明顯的，封建的桎梏被粉碎了，在英國漸次地，在法蘭西則在一擊之下，在德意志則還沒有完成。但像工廠手工業在一定的發展階段上與封建的生產秩序衝突一樣，現在的大工業也與取其位而代之的資產階級的生產秩序衝突。大工業為這個生產秩序所束縛，為資本主義的生產方法之狹隘的準繩所制限，牠一方面引起了常在增加的全民衆之無產階級化，他方面產出了沒有銷路的大量的生產品。生產的過剩及羣衆的貧窮，——兩者互為因果——這是大工業所必陷入的奇怪的矛盾，而這矛盾又必然地要求因生產方法的變更的生產力之解放。

這樣，在近代史裏至少是證明了如次的事實：一切的政治鬥爭都是階級鬥爭，而諸階級的一切的解放鬥爭，雖然牠必然地要取政治的形態——因為每個階級鬥爭都是一個政治鬥爭（註）——結局終於是以經濟的解放為中心。所以至少在這裏，國家卽政治的秩序是從屬的東西，市民社會卽經濟關係的王國是決定的要素。從來的思想——黑格爾也是這樣——以國家爲決定的要素，而市民社會是爲國家所決定的要素。固然表面是與這個一致。像個人要使他的行動底一切動力能實際地行動就非經過他的頭腦轉變爲意志底動因不可一樣，市民社會底一切的要求——不管是那個階級支配都是一樣——要在法律的形式上獲得一般的效力也非經過國家的意志不可。這是事實底形式的方面，是很容易明白的。但要問的是：只這個形式的意志——個人的和國家的——有什麽內容？這些內容是從什麽地方來的？爲什麽正是欲想這個而不欲想別的？如果我們究明了這點，則我們知道在近代歷史中國家意志全體上是爲市民社會之變化的要求所決定，爲這個或那個階級的優勢所決定，而結局是爲生產力及交換關係的發展所決定。

（註）在一八八六年的文裏沒有這個插入文。

105

但在我們擁有巨大的生產手段及交通手段的現代，國家已不是一個有獨立發展的獨立的領域，反之，國家的存立及發展結局是應從社會之經濟的生活條件來說明。如果是這樣，則這同樣的事實對於從前的一切時代更能適用，因為從前人類的物質生活的生產還沒有這樣豐富的補助手段來經營，因而這生產的必要對於人類一定有更大的支配。在現在大工業及鐵道的時代，如果國家尚且在全體上還只不過是支配着生產的階級底經濟的要求之在綜合的形態上的反映，則在人類以全生涯中的更大的部分從事於物質的要求之滿足，因而比我們現在更要倚靠於物質的要求的時代，在這個時代，國家更應是這樣的性質。只要熱心地探究這方面，則以前一切時代的歷史的研究要供給證實這事實的最豐富的證據。但不消說，在這裏幷不是論究這事。

如國家及國家法是為經濟的關係所規定，則很明顯地私法也是一樣。原來私法也只是承認現存於個人與個人間的，在當時的情勢下是正規的經濟的關係的東西。但其出現則可以有許多不同的形式。譬如在英國，與全民族的發展相響應，舊封建的法律之形式大部分還保存着，而付與一種資產階級的內容，不，甚至直接採用封建的名稱而硬添上一個資產階級的意義。但又如在西歐大陸，把商品生產社會之最初的世界法律即羅馬法改訂得無以復加，然後置之於單純的商品所有者底一切本質的權利關係（買者及賣者，債權者及債務者，契約，債劵等等）之基礎上。在這個場合，爲要適用於小資產階級的及半封建的社會，可以簡單地因裁判的運用把羅馬法適應於這個社會的狀態（普通法），或者是藉那些一知半解且有道學氣味的法律家們的助力，也可以把羅馬法弄成一部適應於這個社會狀態的畸形的法典，而這在當時的情勢下從法律的見地看來也是壞的（普魯士的國內法）。但在資產階級的大革命以後，也可以製成一部以羅馬法爲基礎的資產階級社會的模範的法典，如法蘭西的民法典(Code Civil)。這樣，如資產階級的法律規定只不過是以法律形式來表現社會之經濟的生活條件，則這看當時的情勢如何，可以好也可以壞。

在國家中是表現了對於人類的最初的意識形態的權力。爲要防禦內部的及外部的攻擊，社會造出了一個保障牠的公共利益的機關。這個機關就是國家權力。這個機關一發生便離開社會而自立，而且自牠變成一個一定階級的機關而直接行使這個階級的支配權時，這個自立的程度更見顯著。被壓迫階級對於支配階級的鬥爭必然要成爲政治的鬥爭，第一是對於這個階級底政治的支配的鬥爭。這個政治鬥爭與其經濟的基礎的關聯之意識漸次朦朧，有時還可以完全消滅。這在實際鬥爭的參加者雖不見得完全是這樣，在歷史家則差不多常是這樣。在關於羅馬共和國的鬥爭的舊文獻中，只有亞皮安（註）才明白地告訴了我們主要的關鍵——卽土地所有。

（註） Appian,凱撒時代的羅馬歷史家，他的著作特別是關於羅馬的內亂的。他是紀元第二世紀的人。

但國家一成了對於社會的獨立的權力，牠卽刻就會產出更深遠的意識形態。在國家法的理論家，職業政治家及私法的法律家們，在這些人們，與經濟的事實之關聯當然要消滅的。因爲在個個的情形，經濟的事實爲要在法律形式上獲得承認，所以不得不取立法的動機之形式，又因爲在這個時候很明顯的不得不顧慮到已有效力的全法律體系，因爲這些原故,法律的形式成了一切，而經濟的內容變爲零了。公法與私法被視爲有獨立的歷史的發展的獨立的領域，而牠自身是可以有系統的記述,且需要徹底地掃除一切內部的矛盾。

更高的意識形態，卽離開物質的經濟的基礎更遠的意識形態是取着哲學及宗教底形式。在這裏,表象與其物質的存在條件之關聯越發混淆,因中間物的介在越發不明瞭。但雖然是這樣,這個關聯總是存在的。像十五世紀中葉以來的全文藝復與時代是都市底卽市民階級底重要的產物一樣，從這個時候以來重新覺醒了的哲學也是一樣。這個哲學的內容本質上也只不過是適應於中小市民階級到大資產階級的發展的思想之哲學的表現。十八世紀的英國人及法國人是經濟學家同時又是哲學家，這就已明白地指示了，至於黑格爾學派呢，我們也已經在上面證明了。

現在我們再簡單地講一講宗教。因為表面上宗教像是離開物質的生活最遠的，最沒有因緣的東西。宗教是在野蠻的原始時代從人類對於他自己的性質及圍繞他的外界之錯誤的野蠻的觀念發生出來的。但每個意識形態，只要牠一旦存在，牠便會與所與的表象資料聯結而發展，且更使這表象資料發達。要不然，牠便不是意識形態了，換言之，牠便不能把思想當做獨立地發展的，只依着牠自己的法則的實體而處理了。這樣的思想過程是在人類的頭腦中運行，而這個過程的進程結局又為人類底物質的生活條件所規定，可是這個事實必然地不能進到人類的意識，因為不如此，恐怕全意識形態便都要完了。這樣，原始的宗教表象大體上對於每個親近的民族羣是共通的，但在這個民族羣分離以後，則依每個民族底特殊的生活條件而進行特殊的發展。這個過程對於幾個民族羣，尤其是亞利亞民族羣（所謂印度·歐羅巴民族）因比較神話學都一一證明了。每個民族所造成的神都是民族神，這些神的領域是不越過他們所保護的民族的領土，在這境界以外，別的神們無競爭地統御着。只在民族存在的期間，這些神們才能在表象中繼續存在；民族一沒落，他們也隨之滅亡。羅馬世界帝國促生了舊民族的沒落，但這帝國的經濟的發生條件我們在這裏不能論究。舊的諸民族神滅亡了，便是羅馬的民族神也是一樣，他們只適合於羅馬市這個狹隘的區域。以一個世界宗教來擴充這個世界帝國的要求在預備着敬仰及祭壇給一切有價值的那些外國神這個企圖中明白地表現了。但一個新的世界宗教不是這樣用皇帝的聖旨可以做成的。這個新的世界宗敎卽基督敎巳經從一般化了的東方的卽猶太的神學與通俗化了的希臘的尤其是斯多亞派的哲學這兩者的混合物中潛默地發生了。基督敎在最初是怎樣的情形，這需要我們精密的研究，因爲牠現在傳給我們的公定的形態只不過是適合於國敎的形態，而適合國敎這個目的又是爲尼克亞會議（註一）所達成的。在二百五十年後成了國敎這個事實就巳足證明基督敎是適應當時的情勢的宗敎。在中世紀，與封建制度的發達成正比例，基督敎也發達成了與這個制度適合的宗敎，且伴着一個適應於此的封建的敎職政治。而當市民階級出現的時候，與封建的加特力敎對抗着，新敎的異敎最初在南法蘭西亞爾畢派（註二）間發達了，而這時候恰是當地的都市繁榮到絕頂的時代。中世紀把其餘的一切形式的意識形態——哲學，政治學及法律學——合併於神學而當做牠的分科。因此，這使得一切社會的及政治的運動都非得帶上一個神學的形式不可，而對於完

112

全為宗教所培養出來的羣衆之心情，他們自己的利益也非帶着宗教的衣冠便不能引起很大的激動。像市民階級開初就產生了一無所有的沒有什麼身分的都市平民，雇傭工人及一切種類的奴僕──後世無產階級的先驅──之隸屬一樣，異教徒也早就分成市民的穩健的部分及平民的革命的部分,而後者又是為前者所厭惡。

(註一) 紀元三二三年尼克亞(Nicäa)的教會會議。

(註二) 依法國的都市亞爾畢(Albi)而命名的,或考是依里昂的領袖 Petrus Waldus 而稱為 Waldenser 的'異教"運動。這個運動在十三世紀用火與劍被絕滅了。

新教的異教之所以不能掃蕩是因為正在抬頭的市民階級不能征服。這個市民階級充分的成為強有力了，從前對於封建貴族的主要地只是地方的鬥爭現在擴大到全國民的範圍了。第一個大運動在德意志開始了──即所謂宗教改革。市民階級要把其餘的叛逆的諸身分──都市的平民，下級貴族及鄉村的農民都統--在自己的旗幟之下是

113

還沒有發達到這樣的強有力的。貴族是最先被打敗了，農民促成了一個暴動，這是形成這個革命運動全體的頂點。都市出賣了農民，革命爲地方諸侯的軍隊所壓伏，而他們却佔據了戰勝品的全體（註一）。從此以後，德意志有三百年間從獨立地進到歷史中的諸國家的隊伍中消失了。但在德意志的路德(Luther)以外，同時又起了一個法蘭西的喀爾文（註二）他以生來的法蘭西流的銳敏表露了宗教改革之市民階級的性質，且把教會共和化，民主化了。路德的宗教改革在德意志衰落且使德意志破滅了，反之，喀爾文的宗教改革則成了在日內瓦，荷蘭及蘇格蘭的共和主義者們底旗幟，把荷蘭從西班牙及德意志解放了，而又給了在英國發生的資產階級革命底第二幕以思想的衣裳。這裏正證明了喀爾文教是當時市民階級的利益之宗教的扮裝，因此，在一六八九年的革命因貴族的一部與市民階級的妥協而完了的時候，還沒有得到完全的承認。英國的國教再興了，但已不是從前以國王為教皇的加特力教那種形式，而很受了喀爾文教的影響。舊國教舉行愉快的加特力教式的安息日與冗滯的喀爾文教式的對抗了，但市民階級化了的新國教實行後者,而現在還是在美化着英國。

(註一) 參看恩格斯的"德意志的農民戰爭"。

(註二) Calvin (1509 1564)，一五四一年他創制了自治教會的憲法。

在法蘭西，喀爾文教的少數派於一六八五年被鎮壓了(註一),加特力教化或是被驅逐了。但這有什麼效力?當時自由思想家貝爾(註二)已正在活動中,而一六九四年伏爾泰(Voltaire)又出生了。路易第十四的暴力政治只是使市民階級更容易地在只適當於發達了的資產階級的非宗教的純政治的形式來施行自己的革命。自由思想主義者代替了新教徒,佔據了國民會議的坐席。因為這個,基督教踏進了牠最後的階段。牠再要替一個什麼進步的階級來做他們努力之思想的扮裝已經是不可能了。牠漸次成了支配階級的獨占品,支配階級也把牠當做駕御下層階級的工具而利用。在這裏，每個階級都利用適合牠自己的宗教。地主貴族利用加特力的耶穌以特教 (Jesuiterei) 或新教的正教，自由主義的及急進的資產階級利用唯理教，而這裏的主人公是否信奉他自己的宗教，這是不發生關係。

(註一) 南特 (Naute) 勅令的廢止，新教徒的迫害。
(註二) Pierre Bayle (1647—1706)，一八三八年費爾巴哈寫了關於他的詳細的著作。

這樣我們知道，宗教一形成便常包含了傳統的素材，像在一切的意識形態的領域上一樣，傳統是一個很大的保守的力量。但是這個素材的變化是從階級的關係發生的，卽從企圖這個變化的人類之經濟的關係發生的。這點就已經夠了。

在上面，我們只是把馬克思的歷史觀底一般的概略敍述過，至多不過是以若干的例證為主眼。這個證明應給與歷史自身。但我可說牠在別的著作已經充分地展開了。可是這個歷史觀使哲學在歷史的領域內宣告結束，恰像辯證法的自然觀使一切的自然哲學成爲不必要且不可能了一樣。現在緊要的問題已經不是在頭腦中想出事物的關聯，而是在事實中發見這個關聯。在從自然及歷史被驅逐了的哲學中如果還有剩下的，則只有純粹思維的領域。卽關於思維過程自身的法則之科學：論理學與辯證法（註）。

（註）參看恩格斯的"從空想到科學的社會主義底發展"（共產主義入門叢書第七卷），第三十頁。

一八四八年的革命一起，"有教養的"德意志向理論告了別而進入到實踐的領土了。眞的大工業代替了以手工業爲基礎的小經營及工廠手工業，而德意志又復出現於世界市場了。新的小德意志帝國（註）至少是除去了小國家制度，封建制度的殘骸及官僚經濟這些妨害發展的最大的障礙。但在思辨之神從哲學的研究室裏跑出來要在股份交易所築起他的殿堂的程度上，在同一的程度上，那個偉大的理論的意義對於有教養的德意志是失去了作用了，這意義曾經是最深的政治的屈從時代的德意志底光榮，這在當時是純科學的研究，不管是有利益沒有利益，不管是警察高興不高興，所得到的結果總是有價值的。可是這個純理論的意義現在是已經消失了。固然，德意志的公認的自然科學，特別是個別研究的領域，是達到了時代的頂點。可是像美國的雜誌"科學"所正當地指出了的一樣，在個個事實間的關聯及其一般法則化的方面，現在英國遂行了比從前德國還要更大的決定的進步。而在歷史科學（包括哲學在內）的領域內，從前的理論的無所顧忌的精神與古典哲學同時消滅了。沒有思想的折衷主義及對於地位及收入的小心翼翼的顧慮代之而興，而且墮落到極其卑俗的立身出世主義了。這種學問的公認代表者竟成了資產階級及現存國家底公然的御用思想家了。——但現在是這兩者都公開的與勞動者階級對抗的時代了。

（註） 沒有包括奧太利，所以稱為"小德意志帝國"。

而只在勞動者階級，德意志的理論的意義才不受損害地存續着。這是不應除去的，在勞動者階級是找不到對於地位，貨殖及希冀在上的保護的顧慮。反之，科學越無顧慮地，無所拘束地進行，則牠越與勞動者底利益及要求一致。在勞動的發展史中看出了理解全體社會史的關鍵的這個新的方向從開初起就特別是對着勞動者階級，而在他們中間是得到了在御用學問間牠也不要求也不期待的歡迎。德意志的勞動者運動是德意志的古典哲學底繼承者（註）。

（註） 參照"社會主義底發展"上的恩格斯的序文（一八八二年）底結句。同書第七頁。

II

附錄

馬克思恩格斯的唯物論之資料

一

費爾巴哈論綱

馬克思

費爾巴哈論綱 (註)

（一八四五年春季草於布魯塞爾）

(註) 這個論綱底精確的原文，里亞薩諾夫（Rjazanov）在馬克思恩格斯文獻（Marx-Eengels-Archiv）第一卷二二七頁以下發表了。同時可參照同文獻二一三頁。

一

從來的一切唯物論（費爾巴哈的也算在內）底主要缺點是：對象，實在及感性只在客觀底或直觀底形式上被把握，并沒有被看做人類的感性的活動,實踐,卽沒有主觀地被把握。因此,這活動的方面是抽象地,與唯物論對立地,從觀念論發展出來的,——自然,觀念論是不認識現實的感性的活動如實的。費爾巴哈想把握感性的——與思想客體實際地區別了的客體:但他沒有將人類的活動自身把握着爲有對象性的活動。所以他在基督教底本質裏以理論的行爲才是眞的人的東西,而實踐却只在其污穢的猶太人的現象形態下被理解,被固定。因而他沒有了解"革命的",實踐的批判的活動之意義。(註)

(註) "費爾巴哈不能把握感性的世界爲構成這世界的個人之總體的,有生命的及感性的活動。因此,如他看到了一羣不是健康的,腺病質的,操勞過度的及肺病性的飢餓者的時候,他便不得不在"更高的直觀"及"在類中的觀念的均齊"中找他的出路了。所以在共產主義的唯物論者看到產業及社會組織底變革之必然性及條件的地方,正在這個地方,他復歸到了觀念論"。(馬克思恩格斯共著,"德意志的意識形態論",在馬克思恩格斯文獻第一卷二四四頁。)

二

有對象性的眞理是否能達到人類的思維這個問題，并不是什麼理論的問題，而是一個實踐的問題。在實踐裏人應該證明眞理，卽應證明他的思維底實在性，權力及現實性。關於與實踐分離了的思維底現實性或非現實性的論爭，這樣的論爭純然是一個經院學派的問題。

三

關於環境與教育底變化之唯物論的學說（人是環境與教育底產物，不同的人因此是不同的環境和改變了的教育底產物）忘却了環境可因人改變，而教育者自身也須被教育。因此，這種學說勢不得不把社會分成兩部分——其中的一部分高出於社會之上。

環境的變化與人類的活動或自己變動之合－－要看做革命的實踐才能把握及合理地理解。

四

費爾巴哈從宗教的自我乖離 (Selbstent-fremdung) 這個事實，卽從把世界分爲宗教的與現實的這個世界之二重性的事實出發。他的工作是在把宗教的世界溶解於現世的基礎中，但是現實的基礎自身乖離，自身固定爲浮遊於雲間的獨立的王國；這種事實只能從他底自己分裂及自己矛盾才能說明。因此這現世的基礎第一要在牠自身及牠的矛盾裏去理解，且實踐地去革除。所以當發見地上的家族是神聖家族底祕密以後，我們就非得把地上的家族自身在理論上批判及在實踐上革除不可。

五

費爾巴哈因爲不滿於抽象的思維，欲訴之於感性的直觀，但他沒有把感性當做實踐的人類感官的活動來把握。

六

費爾巴哈把宗教的本質消解於人類的本質中。但人類的本質決不是內在於個別的個人裏的抽象體，在其現實性上牠是社會關係底總體。

費爾巴哈，因爲還沒有達到現實的本質底批判，所以不得不：

1，抽象歷史的進行，向自地固定宗教的情操，且假定一個抽象的孤立的人類的個體。

2，所以他把人類的本質只看做"類概念"，僅能理解爲內在的，靜呆的，只是自然地結合許多個體的一般性。

七

费尔巴哈因此没有看到："宗教的情操"自身就是社会的产物，而他所分析的抽象的个人也属于一个一定的社会形态。

八

一切的社会生活本质地都是实践的。引诱理论到神秘主义的一切的神秘在人类的实践及这个实践底理解中找着合理的说明。

九

观照的唯物论，即不能理解感性就是实践的活动的唯物论所能达到的顶点是各个个人及"市民社会"底直观。

十

舊唯物論底立脚點是"市民的"社會，新唯物論底立脚點是人類的社會或社會的人類。

十一

哲學家只是把世界種種地解釋了，但緊要的是把這個世界變更。（註）

（註） 在馬克思與恩格斯共著的"德意志的意識形態論"中（馬克思恩格斯文獻第一卷二三六頁）說："想變更意識（青年黑格爾派的）這個要求結果是與想別樣地解釋存在這個要求是一樣，即與用別的解釋來承認存在是一樣。青年黑格爾派的思想家們，雖然有他們自稱是驚動世界的諾言，是最偉大的保守主義者"。

二

"費爾巴哈論"補遺

恩格斯

"費爾巴哈論"補遺

(一八八六年)

〔五十年間在德意志販賣了唯物論的商人決不能越他們教師的雷池一步。自後自然科學底一切的進步對於他們〕（註）只不過做了反對世界創造主的信仰的新的論據。而更把理論發展事實上是出乎他們生意範圍以外的事。觀念論因一八四八年的革命受了致命的打擊，但唯物論在牠的這個復新的形態上還更要墮落。費爾巴哈拒絕了對於這樣的唯物論的責任是絕對正當，只是他不應該把巡回說教者們的教義與唯物論一般混同。

(註)關於以下，參看本書的五九頁以下。

但在同時，經驗的自然科學前進了這樣一個大步且得到了這樣燦爛的結果，以致不但可以完全克服十八世紀的機械的偏狹性，而自然科學自身也因不同的研究領域（力學，物理學，化學，生物學等）底關聯是存在於自然本身中這個證明從經驗的科學發展爲理論的科學，且在各結果的綜合中轉變爲一個唯物的自然認識之體系。汽體力學，新創的有機化學（這個有機化學，因爲從無機的原素產出有機體，把所謂有機的結合底不可理解性之最後的一點都剝去了），創自一八一八年的科學的發生學，地質學，古生物學及動植物的比較解剖學，——這些一切都在從未曾有的程度上留給了新的材料。但最重要的是三個大發見。

第一個是從熱之力學的當量底發見（爲Robert Mayer, Joule及Coldiug 所發見）所導來的能力底轉變之證明。一切在自然中起作用的原因，這在從前被視爲所謂能力而引生出秘密的不可說明的

186

存在——如熱，機械力，輻射（光及放射熱），電氣，磁氣，結合與分離的化合力——現在則證明為同一能力卽運動之特殊的諸形式，特殊的存在樣式。我們可以證明牠在自然中常從一個形式到別一個形式的轉變，而且可以在實驗室及產業中完成這個轉變。而且是這樣，在一個形式上的能力的所與量常與在這個或那個別的形式上的能力的一定量相當。因此，我們可以用一個千瓦密達來表示熱的單位，而電力或化學力的任意量又可以用熱的單位來表示，倒過來也是一樣。同樣我們可以測量一個有生命的有機體之能力的使用及能力的供給，而且可以用任一個單位如熱的單位來表示。自然中的一切運動底統一已經不再是一個哲學的主張，而是一個自然科學的事實。

第二個——從時間上講是第一個——是為 Schwann 及 Schleiden 所發見的有機體細胞，細胞為單位，除最下等的以外，一切有機體都是從牠的繁殖及分化發生及成長出來的。有了這細胞的發見後，有機的有生命的自然物之研究——比較解剖學，生理學及發生學——才能有一個確實的基礎。有機體底發生，成長及構造之秘密都被揭露了。這個從來不可理解的奇蹟現在在一個依照對於一切多細胞的有機體本質地是同一的法則而完成的過程中消解了。

但還有一個重要的間隙。如果一切多細胞的有機體——植物和包括人類在內的動物——是從某一個細胞依照細胞分裂的法則而生長的，則這些有機體底無限的不同性是從那裏來的？這個問題爲第三個大發見即進化論所解答了。這進化論是爲達爾文在全體的關聯上所敍述，且奠以確實的基礎。雖然這個理論個別地也許有幾多的變更，而在全體上牠確已充分地解決了這個問題。從少數簡單的到更多樣的及更複雜的，最後到人類的有機體之進化系列在大體的原則上是已經證明了。這不但使關於有機的自然物底現前的存在的說明爲可能，且給與了人類精神的前史以一個基礎，在這個基礎上可以追溯牠的從下等有機體底簡單的沒有構造的但感受刺戟的原形質到思維的人類腦筋這個種種不同的發展階級。但沒有這個前史，則思維的人類腦筋之存在依然還是一個奇蹟。

這個三大發見說明了自然底主要進程，且使牠再回復到了自然的原因。這裏只剩下一件還應做的事，即從無機的自然來說明生命的起源。這在科學底現階段上不外是從無機的質量製造出蛋白質體。化學一步一步地更接近這個任務，但現在還離得很遠。可是如果我們想到一八二八年阜勒爾（Wöhler）從無機的物質抽出了第一個有機的體素即尿素，又像無數的所謂有機的複合物現在都不須什麼有機的原素可以人為地組成，則化學也無須在蛋白質前"却步"。到現在，化學可以說明每個有機的原素，只要精確地知道這些原素底複合物。只要一知道蛋白質體底複合物，則牠可以走到有生命的蛋白質底製成。但如要牠明天就要把自然自身在很有利的情狀之下於個個的世界體上經過了數百萬年才成功的產物馬上做到，——這就等於希望一個奇蹟。

因此，唯物的自然觀在現在是比前世紀（十八世紀）站在完全別的一個確實的基礎上。在當時可以說是無遺地理解了的只有天體底運動及地球固體底運動，而化學底全領域及全部有機的自然差不多依然還是一個不可理解的祕密。現在則自然全體都在我們面前展開着爲一個至少是大體的原則上已說明了的及把握了的關聯及過程之體系。自然，唯物的自然觀不外是把自然單純地，不加添別的東西而只在牠所表現的形態上理解，因此在希臘的哲學家們牠原來是自明的東西。但是在古代的希臘人與我們中間經過了二千年以上，其中本質地是一種觀念的世界觀，所以再要回復到自然底自己明識是比在最初的觀察更要困難。因爲這決不是單純地棄絕那二千年間的全思想內容，而是把牠批判，是把在錯誤的，但在當時及發展徑路上是不可避免的觀念的形式上所得到的結果從這個無常的形式中剝抽出來。這事是怎樣的困難，那些許多的自然研究家已給我們證明了，這些自然研究家在他們的科學範圍內是些堅強的唯物論者，可是一出了這個範圍，則他們不只是些觀念論者，而且是些敬虔的正教派的基督教徒。

一切這些自然科學底進步都對於費爾巴哈沒有發生本質上的影響而經過了。這與其說是費爾巴哈自己的罪過，不如說是當時德意志的可憐的狀態底責任。因為這個狀態，一切大學底講座都為空虛無能的折衷派的庸人所佔領，而高出於他們幾倍的費爾巴哈呢，却不得不在寂寞的寒村過閑寥的生活。因此，關於自然——在個個天才的綜約——他不得不賣弄些美辭麗句。他這樣說："生命自然不是化學過程底產物，一般地不是個別化了的自然力或現象底產物——形而上學的唯物論者是把生命還元於這些自然力或現象的——牠是全自然底結果"。生命是全自然底結果這事決不會與生命之唯一的獨立的支持者的蛋白質在一定的爲自然底全關聯所給與的條件之下發生,且當做化學過程底產物而發生這事相矛盾。〔如果費爾巴哈在一個很好的境遇之下生活,使他就是表面地也好可以追求自然科學的發達,則他決不會弄到把化學過程當做個別化了的自然力之作用來講述這樣的地步罷。〕如果費爾巴哈埋頭於研究關於思維對於思維的機關即腦筋之一列的不結果且獨自周旋的思辨,則這也應歸咎於這個寂寥的生活。

　　費爾巴哈十分反抗了唯物論這個名字,而這也不是完全不正當,因爲他決沒有完全脫離觀念論者。在自然的領域內他是個唯物論者;但在人類的……的領域內……(草稿中斷於此)。(但在人類的歷史的領域內他是個觀念論者。——譯者)

三
史的唯物論

恩格斯

史 的 唯 物 論

……我很知道這本小册子的內容將不爲英國讀者的大部分所歡迎。(註)但如果我們大陸上的人稍爲顧慮到英國的"尊敬"卽英國的道學先生的習俗的成見,則我們所處的地位比現在還會更壞。這本書所辯護的是我們所稱爲"史的唯物論"的,而唯物論這個名字對於英國讀者的大多數是刺耳的噪音。"不可知論"尚在流行,唯物論則完全不可能。

(註) 還是"從空想到科學的社會主義底發展"英譯本一八九二年的序文。著者從英文譯成德文。前頭的四頁省略了，牠裏頭所包含的只是些註解，這在德意志是已經知道或不能引起興趣的。("新時代"，第十一年第一卷，一八九二年，十五頁以下，四二頁以下）（恩格斯）

可是從十七世紀起一切近代唯物論的搖籃不在別的地方而在英國。

"唯物論是大不列顛的嫡子。牠的經院派學者登司考脫(Duns Scott)已經問過，物質是否能思維。

要成就這個奇蹟，他求助於神底萬能，卽他强神學來宣傳唯物論。他還是一個唯名論者。在英國的唯物論者們，唯名論是主要的要素，像牠一般地是唯物論之最初的表現一樣。

英國唯物論之眞的祖先是培根(Bacon)。對於他，自然科學是眞的科學，而感性的物理學是自然科學底最重要的部分。亞那薩哥拉斯及其種子 (Homoiomerien) 和德謨克利特

146

及原子（Atomen）常是他的威權。依他的學說，感官是靠得住的，是一切知識的源泉。科學是經驗的科學，牠的成立在於以合理的方法適用於感官所給與的材料。歸納，分析，比較，觀察及實驗，這些是合理的方法之主要條件。在物質底固有的性質中運動是第一個且是最優越的，不僅當做力學的及數學的運動，而且是衝動，生命力，彈性力，——借用波墨（Jakob Böhme）的術語——物質底苦惱。後者之原始的形式是有生命的，個別化的，固着於牠的，產生種的區別的，本體力。

在唯物論底第一個創始者的培根，唯物論還素樸地包孕着一切方面的發展底萌芽。物質以有詩意的感官的光輝對全人類發笑。反之，這個格言式的學說還充滿了神學的矛盾。

唯物論在其發展的進程中成了偏狹的了。霍布士（Hobbes）是培根的唯物論之組成者。感性失了牠的花輝,而成爲幾何學者底抽象的感性了。物理的運動做了力學的或數學的運動之犧牲,而幾何學被宣稱爲首要科學了。唯物論成了厭惡人類的東西。如要在自己的領域內能克服厭惡人類的沒有肉體的精神,唯物論應把自己的肉體斲削而變成禁慾的修道士。牠出現爲悟性的產物,但牠也發展了悟性之毫無顧忌的結果。

霍布士從培根出發來證明:如果感性給與人類以一切的知識,則直觀,思想及表象等等都不外是多少脫去了感性的形式的感覺世界之幻像。科學只能替這些幻象定名字。一個名字可以適用於許多的幻像。并且名字也可以有名字。但這是一個矛盾:一方面在感官世界中求一切觀念的起源;他方面又主張一個名詞不只有一個名詞的意義,在被表象的常是個別的事物以外還有一般的事物。一個不具形體的實體與不具形體的形體一樣,同是一個矛盾。形體，存在及實體是同一的實質理念。我們不能把思想從思維的物質分開。牠是一切變化底主體。無限這個字是沒有意義，如果這不是表示我們精神底不加以止境的能力。因爲只有能被知覺的物質的東西才能知道，所以我們關於神的存在什麼也不知道。只有我自己的存在是確實的。一切人類的情慾都是終止或開始的力學的運動。衝動的目的物是善。人類與自然一樣，依從同樣法則。權力和自由是同一的。

霍布士把培根集大成了，但他的一切知識和觀念底起源都是在感覺世界這個根本原理却沒有更進一步地確證。

洛克(Locke) 在他的人類悟性起源論中把培根和霍布士底這個根本原理附以確實的基礎。

像霍布士除去了培根的唯物論之有神論的偏見一樣，高林士(Collins)，多威爾(Dodwell)，高華德（Coward），哈德烈（Hartley），蒲黎斯德利（Priestley）等也打破了洛克的感覺主義之神學的境界。有神論至少對於唯物論者們是不超過免除宗教的一種便利的方法"。(註)

(註) 馬克思恩格斯共著,"神聖家族",佛蘭克福(Frankfurt a. M.)一八四五年版,二〇一到二〇四頁,恩格斯。——（參看馬克思恩格斯遺稿集第二卷,二三五到二三七頁。）

關於近代唯物論之英國的起源馬克思是這樣寫着。如果現在的英國人特別不以馬克思對於他們的祖先所下的判斷爲然，那我們只有替他們惋惜。但這還是不可否認的事實：培根，霍布士及洛克是法國唯物論者底一切光榮的學派之祖先。雖然在陸上和海上德國人和英國人都戰勝了法國人，但法國的唯物論者却使十八世紀特別成了法國的世紀；而且這一直到那個加榮冠於世紀末的法國大革命之前也是一樣，我們外國人——英國人和德國人都正在努力要同化於牠的結果。

15）

這又是不可否認的事實。如果有敎養的外國人要在十九世紀中葉住在英國，他常要看到一件事，這就是英國"可尊敬的"中等階級之宗敎的頑迷和愚蠢。當時我們都是唯物論者或很急進的自由思想家，我們想不到差不多一切有敎養的英國人都相信一切不可能的奇蹟,就是像卜克蘭(Buckland)及曼特爾(Mantell) 這樣的地質學家也歪曲他們科學的事實，以致不太與摩西的創世紀之神話相衝突。我們更想不到要找敢把他的理性應用到宗敎的事件的人須要到沒有敎養的人中，要到"齷齪的人羣"中，到勞動者中，特別是要到歐文派的社會主義者中去找。

但此後英國就"開化"了。一八五一年的博覽會搖響了英吉利島國底閉關性之弔鐘。英國在飲食,習慣及觀念上漸漸國際化了,國際化了到了這樣的程度，以致我更加希望某種英國的習慣在大陸上也得到同樣的一般的採用，像別的大陸的習慣在英國一樣。青菜加油的食法在一八五一年以前英國只有貴族知道，現在已傳播於全英國了。但這種傳播也跟着一個大陸對於宗教事件的懷疑論之不可避免的傳播。不可知論固然沒有像英國國家教會一樣的這樣起勁，但關於尊敬這點，差不多立在與浸禮教派同樣的地位，而且佔了比救世軍還要高的位置。因此，我只能作這樣想，對於從心坎中憐憫和咒咀這些非信仰底進步的多數人們，這會是一種安慰：知道這些新製的觀念不是發源於外國，沒有印上"製於德國"(Made in Germany)這個標號，像許多別的日常用品一樣；反之，這是起源於本來的英國，而牠的兩百年前的英國的創始者比他們現在的子孫是走了更長遠的道路。

事實上，不可知論不是忸忸怩怩的唯物論是什麽呢？不可知論者的自然觀徹底地是唯物論的。全自然界都為法則所支配，絕對排拒從外部來的影響。但是，不可知論者慎重地附加說，我們不能證明在我們所知道的世界以外的一個什麽最高的本體之存在或非存在。這個保留在拉蒲拉士(Lap-

152

lace)很驕傲地回答拿破侖的詢問時或許有牠的價值——拿破侖問，為什麼在大天文家的"天體力學"一書中連造物主的名字都不提起？拉蒲拉士回答說，"我沒有用這個假設的必要"。但現在我們關於在發展中的世界全體之思想形像就絕對沒有留給造物主和支配者的餘地。如果人們要假定一個屏出於現存的世界以外的最高的本體，則這自身是一個矛盾，而且據我看來，還是對於宗教的人們底感情的一種無來由的侮辱。

我們的不可知論者同樣地承認一切我們的知識都立在我們的感官所感受的傳達之基礎上。但他接着說，我們從何知道我們的感官是否能給與我們以一個牠所知覺的事物之正確的模象？他更告訴我們：如他說及事物或事物底性質的時候，則實際上他說的不是這些事物及牠的性質本身（關於這些，他不能知道一點確實的東西），而是這些事物及性質所給與他們感官的印象。這的確是一種理解的方法，但如只是單純的辯論，則這方法似乎是很難得達到的。可是人類在辯論以前，他就行動。"在開初就是行動"（Im Anfang war die Tat）。在人類的才智發見這個困難以前，人類的行動早就解決了這個困難。布丁的證明是在吃這個布丁(The proof of the pudding is in the eating)。當我們依照我們在事物中所知覺的性質而使用這些事物的時候，當這個時候，我們便是在確切地證驗我們感官知覺底正確性或非正確性。如果這些知覺是不正確，則我們關於這樣的事物底可使性的判斷也一定是不正確，而我們要使用牠的企圖也一定會失敗。但如我們達到了我們的目的，我們知道這個事物是與我們關於牠的表象一致而達成了我們使用牠的目的，如果是這樣，則這是一個積極的證據，證明了我們關於事物及牠的性質的知覺在這個範圍以內是與存在於我們外部的實在一致。反之，如我們知道我們是失敗了，則大體上我們不久也會發見失敗的原因；我們就會知道為我們證明的基礎的知覺不是牠自身是不完全及皮相的，便是牠沒有經過事實的證實而與別的知覺底結果混連了。只要我們正確地訓練和使用我們的感官，又在爲正當地形成和利用了的知覺所規定的範圍內保持我們的行動方式，則我們就會知道我們行動底結果證明了我們的知覺與被知覺的事物底客觀性之一致。沒有過一個這樣的場合使得我們達到這樣的結論：我們的科學地規制了的感官知覺在我們的腦筋中產生關於外界的表象，而這些表象性質上是與現實乖離，或者在外界與我們的感官知覺的中間有一個本來的不可調和性。

但現在又來了一個新康德派的不可知論者，而且說：固然，我們能夠知覺一個事物底性質，但不能用什麼感官過程或思維過程來把握事物自身。這個物自如（Ding-an-sich）是在我們的認識底彼岸。關於這點,黑格爾早就已經答覆了：如果你們知道了一個事物底一切性質，則你們也知道這個事物自身；再沒有什麼了,除了這個事實,即所說的事物是存在於我們的外部這個事實，只要你們的感官一提示了你們這個事實，則你們就認識了這個事物底最後的一滴，即康德底那個有名的不能認識的物自如。現在我們還可以附加的說，在康德的時代，我們關於自然物的知識是足夠零細而不完全，以致容許在這個的背後還要假定一個別的神祕的物自如。但自此以後，因科學底巨大的進步這些不能把握的事物都一個一個的被把握，被分析，且被再生產了。而我們所能製造的，我們就不能再視爲不能認識的。對於十九世紀前半期的化學，有機的實體是這樣的神祕的事物。現在，我們從化學的原素一個一個地知道這些有機的實體，而且不用什麼有機的過程而能製造。固然，我們與最高的有機的實體即所謂蛋白質體底構造之精確的認識還離得很遠，但完全沒有理由，爲什麼在幾世紀以後我們不應達到這個認識，且藉這個認識來製造人造的蛋白質。但如達到了這點，則我們同時也創造了有機的生命，因爲生命，從牠的最低的形式到最高的形式，不外是蛋白質體之正常的存在樣式。

但我們的不可知論者一經做了這個形式的保留，則他的說話和行動就完全像一個無恥的唯物論者一樣，——他本來就是一個無恥的唯物論者。他或許會說：就我們所知道的物質與運動，或現在人們所說的能力是不能產生，也不能消滅，但我們沒有證據說這兩者不是在一個什麼不知的時代產生出來的。可是你們試--把這個自白在一個特殊情形下反轉來對付他，則他馬上就會避開你們而且使你們靜默。抽象地他承認唯心論底可能，而實際上他關於唯心論什麼都不想知道。他會對你們說：就我們所知道及所能知道的來說，沒有什麼世界全體底創造主或支配者；就我們所觀察得到的來講，物質與能力是不能創造，同樣也不能毀滅；對於我們，思維是能力底一種形式，腦筋底一個作用；一切我們所知道的都歸到物質的世界是爲不變的法則所支配這個事實——等等。所以，只要他是一個受了科學訓練的人，只要他知道一點什麼東西，他就是一個唯物論者。在他的科學以外，在他所不在行的領域內，他把他的無知翻譯成希臘文，而名之為不可知論。

無論如何，有一件事似乎是確實的：縱使我就是個不可知論者，我也不能把在這本書裏所述的歷史觀稱為"史的不可知論"。信仰宗教的人們會笑我，而不可知論者會憤怒地質問我，我是不是想嘲弄他們。所以我希望英國的"尊嚴"——德國人稱為庸俗之人——也不應太過於驚恐，如果我在英文中，像在許多別的文字中一樣，用"史的唯物論"這個名字來表示那種歷史觀，這種史觀是在社會之經濟的發展中，在生產方法及交換方法之變化中，在社會之起因於此的階級分化中及在這些階級底鬥爭中去求一切重大的歷史的事件之最後的原因及決定的推動力的。

如果我證明史的唯物論就是對於英國的俗人之尊嚴也能有利益，則人們或許更會允許我用這

158

個名詞。我已經指出了這個事實：在四十年或五十年前，每個住在英國的有教養的外國人定會遇到英國的"可尊敬的"中等階級之宗教的頑冥及固執，而使他感着不愉快。我現在要說明的是當時的可尊敬的英國中等階級也并不完全像有智識的外國人所看到的那樣愚蠢。他們的宗教的傾向會能說明的。

當歐洲脫出中世紀時，日益增長的城市資產階級是牠的革命的要素。在中世的封建制度中所奪取的曾經承認的地位，現在對於牠的擴張力已經是變爲太狹小了。資產階級之自由的發展已再不能與封建制度相調和，封建制度必須要沒落。

但封建制度之偉大的國際的中心是羅馬天主教（加特力克）教會。這教會把雖然有內部戰爭的封建化的全西歐統一成爲一個大的政治的全體而與分離的・希臘教的世界及囘教的世界對立。牠在封建制度之上飾以神賜的聖光。牠仿封建制度創成了牠自己的教職政治，終於成了一切封建諸侯中的最大的一個，因為至少一切加特力克教的土地之三分之一是屬於牠的。要在各國個別地打擊這世界的封建制度以前，應先把牠的中心的神聖化了的組織破滅。

但與資產階級底進展同時，科學底強有力的飛躍也一步一步地發展了。天文學，力學，物理學，解剖學及生理學重新又被研究了。資產階級為要發展牠的工業的生產，需要一個研究自然體底性質及自然力底運動方法的科學。但一直到現在，科學只不過是教會底馴順的婢女，不許超過為信仰所定立的境界———一句話，牠是一切，只不是科學。現在科學向教會反叛了；資產階級需要科學，且參加了這個反叛。

這裏，我只說到正在進展的資產階級必然地要與現存的教會起衝突的諸點中之兩點；但這已經足夠證明：第一，在與加特力教會底權力地位的鬥爭中最有直接關係的正是這個資產階級；第二，當時一切反對封建制度的鬥爭都必須帶上宗教的衣裝，且鬥爭必須首先就向着教會，但如從大學及城市商人發出了戰爭呼聲，那一定要在農村羣衆中，在農民中得到強有力的響應，當時的農民到處都在與他們的宗教的和俗世的封建諸侯作堅苦的鬥爭，而且是爲着生存本身。

歐洲資產階級對於封建制度的偉大的鬥爭在三個偉大的決定的戰爭中形成了最高點。

第一個是我們所稱爲德國的宗教改革。響應了路德(Luther)底對教會的反叛之呼聲的有兩個政治的暴動：第一是爲西金根(Franz von Sickingen)所領導的一五二三年的小貴族的暴動，次之便是一五二五年的偉大的農民戰爭。這兩者都被壓伏了，主要地是因爲最有切身利益的城市資產階級底不堅決，這不堅決底原因我們在這裏不能夠研究。從這時候起，這鬥爭變成了個個的諸侯與皇帝的中央權力間的鬥爭，結果，使德意志二百年間從歐洲政治地活動的諸國之外消失了。路德的宗教改革的確形成了一種新的宗教，而且是這樣的,絕對專制政體所正需要的新的宗教。東北部德意志的農民才一信了路德敎,他們也就從自由人降爲農奴了。

但路德所失敗的,喀爾文(Calvin)却成功了。他的敎義正適合於當時最急進的資產階級。他的天選論(Gnadenwahl)正是這個事實底宗敎的表現,卽在商業世界中的競爭成功或破產是不依屬於個人底活動或手腕,而是依屬於不爲他所支配的環境。"所以這不在於某個人底意志或經歷,而是在"優越的然而不能知道的經濟力之"憐憫"。而且這在一個經濟的變革的時代,特別是眞確的,在那個時代,一切舊的商業路線和商業中心都爲新的所壓倒了,美洲和印度在那時代開放於世界了,就是那最寶貴的經濟的聖物——金和銀的價值——也在那時代起動搖而趨於崩壞了。關於這點,喀爾文的敎會制度是完全民主的和共和的;神的王國旣然共和化了,這世上的王國那還能隸屬於帝王,主敎及封建的諸侯嗎?如德國的路德敎成了德國的小諸侯手中的馴順的工具，則喀爾文主義在荷蘭創立了一個共和國，又在英國特別在蘇格蘭創立了許多強有力的共和黨。

資產階級底第二個大暴動在喀爾文主義中完全找到了牠的鬥爭理論。這次暴動是爆發於英國。城市的資產階級自己也加入於這個運動，鄉村的中農（Yeomanry）使鬥爭得到了勝利。這是非常奇怪：在一切這三個資產階級的大革命中，農民供給軍隊，贊助戰爭，而農民又正是這個階級，卽在勝利後因這個勝利之經濟的結果最確實地要壞滅的階級。在克林威爾(Cromwell)一世紀以後，英國的中農就好像消滅了一樣。但無論如何，只因爲中農和城市底平民要素的參與，這次鬥爭才能達到最後的決定的勝利，才能把查理士第一（Charles I.）推上斷頭台。爲要把資產階級底這些很有收穫的勝利果實得着保障，就一定要使革命特別超過其原來的目的——完全像一七九三年在法國和一八四八年在德國一樣。這事實上似乎是資本主

163

義社會底發展法則之一個。

在這個革命活動底過火後接着就是一個不可避免的反動,這反動也遠越過了牠自身的界線。經過了許多動搖之後,終於也確立了一個新的重心,且這重心做了更向前發展的出發點。英國史的偉大時期英國的庸俗之流竟稱之爲"大叛逆",而隨後的鬥爭僅得到了一六八九年的比較微小的事件這個結果,可是自由派的歷史家反稱之爲"光榮的革命"(Glorious Revolution)

這個新的出發點是正在抬頭的資產階級與從前的封建的大地主間的妥協。這些封建地主雖在當時和現在都稱爲貴族,其實早就已經在轉變爲——路易菲立普(Louis Phillip) 在法國許久以後才做到的——國家底第一個資產家。這是英國的幸運:舊的封建貴族都已在薔薇戰爭中自相殘殺殆盡了。他們的後裔,雖然大部分也是出身於同樣的舊世家,可是他們的來路是這樣的與從前不同,以致形成了一種完全新的團體;他們的習慣和傾

164

向與其說是封建式的，不如說是資產階級式的；他們完全知道了貨幣的價值，且以綿羊驅逐了幾百個小佃戶來企圖地租的增加。亨利第八分贈及浪費了教會的財產，因此造成了一大羣的新的資產階級地主；一直到十七世紀來還繼續不斷地沒收許多的大財產而分散給全暴發戶或半暴發戶的事也得到同樣的結果。所以，從亨利第七以來，英國的"貴族"不但沒有妨害工業的生產底發展，反想從中得到利益。同樣地，因為經濟的或政治的動機，大地主的一部分都時常準備着來與財政的及產業的資產階級之領袖合作。這樣，一六八九年的妥協因而很容易地成功了。政治的掠奪品——地位，官職，大的薪俸——都還在鄉村貴族的手裏，只要他們顧慮到財政的，產業的及商業的中等階級之經濟的利益。而這個經濟的利益在當時是已經充分地強大；牠終於決定了國家底一般的政治。關於個個的問題人們儘管有議論，但貴族的寡頭政治却很知道他們自身底經濟的繁榮是怎樣的與產業的及商業的資產階級之經濟的繁榮不可分離地連繫着。

從這時候起，資產階級成了英國的統治階級之謹愼的然而是公認的成素。在壓迫全國的廣大的勞苦羣衆這點牠與其餘的成素是有共同的利益。商人或手工工廠主對他的夥計，工人及僕人是站在主人的地位，或像英國人在稍前所稱的"天然上司"的地位。他必須從他們儘可能的搾取多而且好的勞動；爲這個目的，他又必須訓練他們養成一種適應的服從心。他自己是宗教的，他的宗教給了他一個旗幟，在這旗幟之下他曾與國王及貴族作過鬥爭。不久他也發見了宗教所給與他的工具，可用來改造他的天然下屬之靈魂，使他們服從主人的命令，這主人是上帝底不可詢問的決議置在他們上頭的。簡單說，英國的資本家現在也參加"下層階級"的壓迫，全國廣大的生產羣衆的壓迫，而所使用的工具中的一個便是宗教的感化。

但另外又來了一件事實使資產階級底宗教的

傾向更加強盛:這就是英國唯物論的發生。這個新的無神的學說不但惱怒了敬虔的中等階級，牠還宣稱牠只是適合於學者及有教養的人們的哲學，而與恰好適合於沒有教養的，連資產階級都算在內的廣大的羣衆之宗教對抗。霍布士一出，唯物論就當做國王特權的辯護者而踏上了舞台，而且幫助了專制君主來壓迫那個強壯的然而是惡劣的小孩(puer robustus sed malitiosus)——平民。而在霍布士的後繼者波林布洛克(Bolingbroke)及莎伏茨布利(Shaftesbury)等，這個唯物論之新的自然神論的形式仍就是貴族的祕傳的學說，因此，資產階級不但因爲牠的宗教的異端而厭惡，也因爲牠的反資產階級的政治的關係而厭惡。爲要對抗貴族的唯物論及自然神論，因此也創立了新教派，這新教派是供給了反對斯圖亞特(Stuart)王朝的旗幟和戰爭，同樣又成了資產階級底主要的鬥爭力，現在也還形成了"大自由黨"的骨格。

在這派中間，唯物論從英國移植到了法國，在法國，牠遇到了從笛卡兒哲學派生出來的第二個唯物論的哲學學派而與融合。就是在法國，牠開始也仍就是完全貴族的學說。可是卽刻牠的革命的性質就顯露了。法國的唯物論者們不把他們的批判制限於單純的宗教的事情，他們批判當時的一切科學的傳統，批判當時的一切政治的制度。爲要證明他們理論之普遍的適用性，他們就取了最近的路線：他們大胆地在一部巨大著作中，卽他們所稱爲"百科全書"中把唯物論應用到一切知識底對象。這樣，種種形式的唯物論——當做公開的唯物論或自然神論——成了法國有教養的青年全體之世界觀；而且是在這樣的程度，以致在大革命期中，英國王黨所定立的學說倒給了法國共和黨及恐怖黨以理論的旗幟，且做了"人權宣言"的基礎。

　　法蘭西的大革命是資產階級底第三次暴動，但却是完全脫去了宗教的衣裳而毫不掩飾地站在政治的地盤上的鬥爭之第一次。但這也是鬥爭繼續到底,使交戰的一方卽貴族消滅而另一方卽資產階級完全得到勝利的鬥爭之第一次。在英國,革命前的制度與革命後的制度之不斷的連續性及大地主與資本家間的妥協在裁判所的判例之連續性中及在封建的法律形式之尊敬的保存中找到了牠的表現。在法國,則革命完全打斷了過去的一切傳統底關係,掃蕩了封建制度之最後的遺跡,而在民法(Code Civil)中創立了舊羅馬法對於近代資本主義的關係之非凡的適應,——這差不多是從馬克思所稱為"商品生產"的經濟的發展階段發生的法律關係之完全的表現。這個適應是這樣的非凡,以致革命的法國法典在現在也還是一切國家——連英國在內——改造財產法時的模範。但我們有不要忘記的一件事。如果英國的法律繼續把資本主義社會之經濟的關係用野蠻的封建語言來表現,這種語言與所表現的事物是這樣的完全適合,就像英文的寫法對英文的發音一樣——有一個法國人說過:"你寫的是倫敦,但你讀的是君士坦丁

169

堡"——則這個同一的英國法律也是唯一的法律，這樣毫不改地還保存着，並且將人身的自由，地方自治及除法庭以外不受任何人的攻擊的保障之最好的部分，簡言之，古代日耳曼民族的自由之最好的部分移植到美洲及各殖民地，——這些日耳曼民族的自由在絕對君主專制之下的歐洲大陸是早已沒有了，而現在也沒有在什麽地方再完全恢復起來。

我們再囘到英國的資產階級。法蘭西大革命給了牠一個很好的機會，藉大陸的專制君主的助力來破壞法國的海上貿易，併吞法國的殖民地及壓制法國對於海上競爭之最後的要求。這是英國資產階級之所以壓抗法國革命的一個原因。第二個原因是法國革命的方法很不合牠的脾味。不只是"應該咀咒的"恐怖主義使牠痛恨，就是想把資產階級的統治推行到極端的企圖也已使得牠不喜歡。若沒有貴族，英國的資產階級在世界上能做些什麽？這些貴族是給牠以文雅的態度，替牠發明了時髦的服裝，供給牠以陸軍軍官去維持國內秩序，以海軍軍官去掠奪殖民地及國外市場。假使沒有這些貴族牠能行嗎？——固然，在資產階級中也有一小部份的進步份子，他們在妥協中是沒有得到多大的利益的；這一小部分是出自更不富足的中等階級，他們同情於革命，可是在議會中是沒有力量的。

這樣，唯物論越發成了法國革命的信條，敬神的英國資產階級也越發把持了他們的宗教。巴黎的恐怖時代不是已經證明了如果民眾失去了宗教會要鬧出什麼亂子來嗎？唯物論越發從法國傳播到鄰邦而因各派類似的理論的潮流尤其是德意志哲學愈加強固，唯物論與自由思想在大陸上一般地越發成了有教養的人之必需的資格，英國的中等階級也就越發固執了他們無數派別的宗教的信條。這些信條也許是各不相同，但都毫無疑義地是宗教的基督教的信條。

當革命在法國確立了資產階級之政治的勝利

的時候，瓦特（Watt），阿克萊特（Arkwright），卡特萊特（Cartwright）及其他諸人在英國誘導了一個產業革命，而完全轉動了經濟的勢力之重心。現在資產階級底財富比土地貴族底財富增長得不可計量的迅速。就是在資產階級的內部，財政貴族及銀行家也都越發擠到工廠製造家的背後了。一六八九年的妥協，就是後來根據資產階級的利益漸次地修正了的這個妥協，已再不適合於雙方的相互的地位了。這兩者的性質都已經起了變化，一八三〇年的資產階級與前世紀的資產階級已是大不相同了。還留在貴族手中的，為抵抗新的產業資產階級的要求而使用了的政治的權力已經是與新的經濟的利益再不能調和了。反對貴族的新的鬥爭成了必要的了。這種鬥爭只有新的經濟勢力之勝利才能完結。受了一八三〇年的法國革命的刺戟，選舉法修正案才不顧一切的反對而通過了。這選舉法給了資產階級在議會裏一個公認的且有力的地位。隨後又來了穀物法的廢除，這一舉就抬高了資產階級，特別是最活動的部分的工廠製造家對於貴族的優勢。這是資產階級之最大的勝利，但也是資產階級在牠本身固有的利益內所得到的最後的勝利。一切後來的勝利，資產階級就不得不與一個新的，開初是同盟者，但後來又是敵人的，社會的勢力分派。

產業革命產生了一個大工廠資本家的階級，但也產生了一個更廣大的工廠工人的階級。這個階級在產業革命從一個生產部門擴大到別一個生產部門的同一的比例上，繼續地發展了牠的數量。但數量發展，同時他的力量也發展，而這個力量在一八二四年強迫頑強的議會廢除禁止集會自由的法律時就已經表現出來了。在修正選舉法的運動時，工人形成了改革黨的急進派。當一八三二年的法律奪去了他們的選舉權的時候，他們就在人民憲章(Peopl's Charter)中總括了他們的要求，且自己組織成了獨立的憲章黨(Chartistempartei)，而與反對穀物法的大資產階級政黨對抗。這是我們這個時代的第一個工人政黨。

隨後一八四八年二月和三月的大陸革命又爆發了，在這革命中，工人演了非常重要的脚色，至少是帶着他們的要求在巴黎踏上了舞台，而這些要求，從資本主義社會的立場看來，是决不能允許的。次之就跟着來了普遍的反動。最初是一八四八年四月十日憲章黨的失敗；其次是同年六月巴黎工人暴動的失敗；又其次是一八四九年在意大利，匈牙利及南部德意志的事變；最後是一八五一年十二月二日路易邦拿巴特（Louis Bonaparte——拿破侖第三）在巴黎的勝利。這樣，工人的要求之勢力，至少在有一個時代，是被壓伏了，但是去了怎樣大的代價！所以在從前，英國的資產階級早就已經相信有把一般民衆潛化於宗教的感情中的必要，現在在一切這些經驗之後不更要迫切地覺得有這個必要嗎？英國資產階級毫不顧慮其大陸同僚之譏笑，年復一年的把幾百萬金錢用之於下層階級中的福音宣傳。不滿足於他自己的宗教工具，他還

174

利用了當時的宗教企業之最大的組織者 Bruder Jonathan, 又輸入了美洲的復活主義 (Revivalismus),摩提(Moody),桑開(Sankey)及其他等等；最後他還接受了救世軍之危險的援助，這救世軍是復活了原始基督教底宣傳方法,以貧民爲選民,以宗教的方法來與資本主義鬥爭而保存在原始基督教的階級鬥爭底要素，對於現在替牠出錢的富翁們,將來總有一天要發生很大的危險。

這好像是歷史發展底一個法則：資產階級無論在歐洲的那一個國家都不能像中世紀封建貴族所用的那樣獨佔的方法奪取政治權力——至少是不能有很長久的時期，就是在封建主義完全被掃蕩了的法國，資產階級當做整個的階級也只在很短的期間獲得了支配權。當一八三〇年到一八四八年在路易菲立普的統治下的時候，只有小部分的資產階級統治法國,其餘的大部分則爲很高的標準剝去了選舉權的。在第二共和國底下,全資產階級統治着,但只有三年；牠的政治上的無能開拓

175

了第二帝國的道路。只在第三共和國下，**資產階級才整個地繼續了二十年的統治權，但現在牠却已經發展了崩潰之可喜的徵兆了。資產階級之長期的統治現在只在像美國這樣的國家才爲可能，因爲美國本來就沒有封建制度存在，而社會開始就是建築在資產階級底基礎之上的。然就是在法國和美國，資產階級底承繼者——工人也已經在響響地敲着門了。**

在英國，資產階級從沒有經驗過完全的統治權。就是一八三二年的勝利也差不多讓貴族獨佔了一切高級的政府機關。富裕的中等階級情願自處於從順的地位，在我沒有聽到自由派的大工廠製造家福斯特（W.A.Forster）底演說以前是不能理解的。他在他的演說中勸布拉德福特（Bradford）的青年爲自己的出身起見還應學習法文，他并述他自己是曾經經過這樣的困難，因爲他做了大臣的時候，他就不得不時來往於一個社會，在這社會裏法文至少是和英文同樣的重要。而且事實上，當時的英國的資產階級普通都是些沒有教養的暴發戶,不管是好是壞,也只好把一切較高的政府地位讓給貴族，因爲在這些機關裏，除了爲商業上的狡猾所養成的島國的偏狹和島國的驕傲以外,還需要別的性質的。(註)

(註) 而且就是在商業中，這個國民的偏狹愛國主義之驕傲也是不利的,直到最近,普通的英國工廠製造家還以爲英國人說外國話是失去自己的尊貴。他們頗以外國的"可憐的惡冤"住在英國而且替他們把生產品運到外國去的事爲足自豪。他們却從沒有想到,這些外國人,大部分是德國人,却因此取得了英國的對外貿易——輸入和輸出——之大部分。而英國底直接的對外貿易漸漸地只限于殖民地,中國,美國和南美的範圍了。他們更沒有想到,這些德國人與在外的別的德國人從事商業，而漸漸地在全地球上組織了一個殖民地底完全的貿易網。但當四十年前德國熱心地開始製造輸出品的時候，在這些貿易殖民地中却發見了一個可驚的良好的工具，使德國在很短的期間從農產物輸出的國家能變爲第一等的工業國家。終于約在十年前英國的製造家

起了恐慌,而且質問他們的公使和領事,爲什麼他再也不能保持他的顧客呢?這一致的答覆是:(1)你們不學習你們顧客的語言,倒希望他們來學你們的語言;(2)你們從沒有想法來滿足你們顧客底要求,習慣和嗜好,倒希望他們來採用你們英國的要求,習慣和嗜好。(恩格斯)

就是在現在,新聞上關於"中等教育"(Middle-Class-education)的沒有止境的議論還表示了英國的中等階級還沒有資格夠得上最好的教育,而在找尋更次一等的教育。在穀物法廢除以後這也是很明白的,取得了勝利的人們如哥布丁(Cobden),布萊特(Bright)及福斯特(Foster)等也不能參加國家政府機關,直等到二十年後一個新的選舉法修正案才給他們開了一條到內閣去的門路。直到現在,英國的資產階級還深深的爲他自己的社會地位的卑賤之感情所支配,所以牠以牠自己的及國家的經費豢養一個怠惰的寄生階級,這階級在一切的機會是應很光榮的代表民族的。而且牠還要覺得非常的光榮,如果任何一個資本家有資格可以允許加入資產階級自己所造成的這個天選的團體。

這樣，工業的和商業的中等階級還沒有達到完全可以從政治的權力驅逐封建貴族這樣強有力的時候，一個新的競爭者——工人階級又已經出現於舞台了。憲章運動及大陸革命以後的反動和一八四八年到一八六六年的英國產業之空前的發展(這通常只歸功於自由貿易,但其實還是應歸功於鐵道,海洋汽船及交通機關之巨大的發展)又使得工人屈服於自由黨底影響之下，現在也和憲章運動以前的時代一樣，工人是形成了自由黨底急進派的。但工人對於選舉權的要求漸漸地成為不可抵抗的了;正當自由黨的領袖們（Whigs）還在猶豫不決的時候,狄斯拉里(Disraeli)却證實了他的深謀遠慮;他利用了對於保守黨(Tories)的良好的時機，在城市的選舉區中指導了以家庭為單位的選舉權(這包括了住有單獨的房屋的一切的人)，同時也變更了選舉區制。即刻又有無記名投票

(The ballot)，一八八四年又把以家庭為單位的選舉權擴張到一切鄉村的選舉區中，又製定了一個選舉區的新的分配，使得各選舉區至少可以平均。這些一切都是增加了工人階級在選舉時的勢力，增加到了這樣的程度，以致現在在一五〇到二百的選舉區中他們佔到了選舉人的多數。但除議會制度以外，沒有更好的訓棟對於傳統的尊敬的學校！如果中等階級（資產階級）以信心及畏敬來對待曼靱爵士(Lord John Manner)所戲稱為的"我們的老貴族"，則當時的工人羣衆也以尊敬及謙恭來對待當時所謂的"更好的階級"——資產階級。而事實上，十五年前的英國工人是模範工人，他們對於勞動給與人的地位之尊敬的顧慮及他們不敢提出自己要求的抑制及怯儒是在德意志講壇社會主義者們所受的創傷中注了一副鎮痛劑——這創傷是從他們本國的德意志工人之不可救藥的共產主義的及革命的傾向所受來的。

但英國的資產階級到底還是很好的生意人，

180

他們比德意志的教授們看得更遠。他們只是不願意地與工人分了他們的政權。他們在憲章運動的時代學到了那個"頑強的然而是惡劣的小孩"（平民）能做出些什麼。自此以後，人民憲章之最大的部分迫得他們不得不承認，而且變成了國法。現在比從前是更應該用道德的方法來壓制平民；而在羣衆中起作用的第一個且最重要的道德的方法仍就是——宗教。因此，大多數的牧師佔據在學校的講壇上，資產階級為種種派別的敬虔的煽動——從崇禮教（Ritualismus）到救世軍——所拿出的自己的經費也一天多似一天。

現在，英國可尊敬的俗人對於大陸的資產階級之自由思想及宗教的冷淡得到了勝利了。法國及德國的工人已經變成了叛徒。他們全體都沾染了社會主義，而且他們有很好的理由不再心醉於奪取支配權的手段之合法性。這個強壯的小孩事實上越發一天一天的變成惡劣的了。剩給法國和德國的資產階級的最後的方法只有使他們的自由思想消沈下去，就完全像一個粗暴的青年在船暈漸漸侵到了他的時候也不得不把在陸上引以自誇的燃着的雪茄丟掉一樣,除了這個,還有別的什麽方法？一些輕佻的人們也一個一個的都裝出很敬虔的態度,很尊敬地談論敎會，牠的敎養及習慣，而且在不得已的範圍內自己也依從這些習慣。法國的資產者在星期五日吃素，德國的資產者則在敎會裏的椅子上拚命的在聽新敎敎士的說敎。他們真的沾着了唯物論了。"宗敎應該爲平民所保存"——這是從整個沒落拯救社會之最後的且唯一的方法。不幸的是他們在儘量的破壞了宗敎之後才發見這個方法。現在,輪到英國的資產者出來報復的時候了,他們嘲笑着說:"你們蠢才,我在兩百年前早就已經給你們說過了！"

可是,不管是英國資產者之宗敎的頑迷也好,不管是大陸資產者之臨時抱佛脚的改宗也好,我恐怕都不能制止在高漲的無產階級的巨潮。傳統是一個大的阻障的力量,牠是歷史底惰力。但這完全是被動的,所以定會被屈服。而宗教也不是資本主義社會之永久的防堤。如果我們的法律的,哲學的及宗教的觀念都是支配一個社會的經濟的關係之直接的或間接的產物,則在經濟的關係根本地改變了以後,這些觀念也不能長此存在。或者是我們相信一個超自然的啟示,要不然,我們就要承認任何宗教的說教都不能支持一個正在崩潰的社會。

而事實上,就是在英國,工人也又在重新開始運動了。毫無疑義地他們是被種種的傳統所束縛着。一個資產階級的傳統——非常普遍的迷信,英國只能有兩個政黨,保守黨和自由黨,而工人階級必須藉大自由黨的助力而得到自己的救濟。一個從獨立的行動之最初的嘗試的時候所遺留下來的工人傳統——在許多舊的工會中開除了一切沒有經過正當的學徒時期的工人;但這不外是這樣的工會自己養成了自己的罷工破壞者。但不管怎樣,英國的工人階級是在開始向前進了,就是布練太諾教授(Professor Brentano)也不得不悲愁地將這個事實報告給他的講壇社會主義的朋友。像英國的一切的事情一樣，工人階級是在以遲緩的沉着的步驟向前進了；這裏表示遲疑，那裏却得到多少良好的結果；牠有些地方對於社會主義這個名字表示過分的不信用，但事實上却漸漸地採取了牠的內容。牠開始在運動,而這個運動一層一層地獲得了廣大的工人羣衆。現在,牠已把倫敦東區的無教育的工人從死一般的睡眠中喚起了，而我們又都知道這個新的勢力是還給了牠一個怎樣偉大的動力。如果運動的進行沒有取得和沒有耐性的人們同樣的步驟，則這些人們也不會忘記，正是這個工人階級才活生生地保持了英國國民性之最好的方面，而一經在英國達到了的每個前進的一步是永遠不會再失掉的。如果舊憲章運動者的兒子辜負了人們的期待，則孫子是不會玷辱他的祖父的。

但歐洲工人階級底勝利是不專依賴於英國

的。至少要有英國，法國及德國的合作，這個勝利才能夠得着保證。法國和德國的勞動運動是比英國的進步得多。在德國，牠離開勝利的距離是可以計算的。二十五年來在那裏所達成的進步是不可比擬的。牠以常在增長的速度向前進行。如果德國的資產階級證明了牠在政治上的能力，規律，勇氣和勢力是感到了怎樣悲慘的缺乏，則德國的工人階級表示了牠很豐富地具有了這些一切的性質。在差不多四百年以前，德意志是歐洲中等階級底第一次大暴動之出發點；在現在的形勢之下，德意志也成爲歐洲無產階級底第一次大勝利之舞台是不可能的嗎？

四

法蘭西唯物論史

馬克思

法蘭西唯物論史 (註)

(註) 參照"神聖家族",遺稿集第二卷,二三二頁到二四二頁。

"正確地且在散文的意義上來說",十八世紀的法國的啓蒙主義尤其是法國的唯物論不只是對於現存的政治制度和現存的宗教與神學的鬥爭,而且也是對於十七世紀的形而上學,對於一切的形而上學,特別是笛卡兒的,馬爾布蘭施(Malebranche)的,斯賓諾莎的及萊布尼茨(Leibniz)的形而上學的公開的公然的鬥爭。人們以哲學與形而上學對立，像費爾巴哈在最初反對黑格爾取決定的態度時以清醒的哲學與爛醉的思辨對立了一樣。爲法國的啓蒙主義特別是十八世紀的法國唯物論所戰敗了的十七世紀的形而上學，在德意志哲學中，尤其是在十九世紀的思辨的德意志哲學中又體驗了牠的勝利的內容豐富的復活。在黑格爾以天才的方法把牠與從來一切的形而上學及德意志的觀念論結合而建設了一個形而上學的世界王國以後，像在十八世紀一樣，對於思辨的形而上學及一切的形而上學的攻擊又復響應了對於神學的攻擊而發生了。形而上學將會永遠屈服於因思辨自身的勞作所完成而與人道主義一致的唯物論之下罷。但像費爾巴哈在理論的領域上一樣，法國的和英國的社會主義與共產主義在實踐的領域上表述了與人道主義一致的唯物論。

"正確地且在散文的意義上來說"，法國的唯物論有兩個傾向，一個導源於笛卡兒，另一個則導源於洛克。後者特別是法國的教養要素，而直接注入於社會主義中。前者即機械的唯物論成了特有的法國的自然科學。兩個傾向在發展的進程中互相交錯。直接導源於笛卡兒的法國的唯物論，我們在這裏不必深究，就像不必深究牛頓(Newton)底法國學派及法國的自然科學一般底發展一樣。

所以只這點就夠了：笛卡兒在他的物理學中給了物質一個自己創造的能力而以機械的運動為牠的生活行動(Lebensakt)。他把他的物理學完全與他的形而上學分開了。在他的物理學中，物質是唯一的實體，存在和認識之唯一的根據。

機械的法國的唯物論與笛卡兒的物理學緊密地結合，而與他的形而上學對立。他的門徒是職業的反形而上學者即物理學家。

這個學派是始自醫師魯洛亞(Leroy)，到了醫師卡巴尼(Cabanis)即達到了牠的頂點，而醫師拉梅特利(Lamettrie)是牠的中心。當魯洛亞把動物之笛卡兒的構造──像十八世紀的拉梅特利一樣──轉移到人類的心靈，而說明心靈是身體的樣

191

態(Modus)，觀念是機械的運動的時候，笛卡兒還在活着。魯洛亞甚至相信笛卡兒把他的真意隱藏了。十八世紀的終末，卡巴尼在他的著書"人類的身體與道德之關係"(Rapport du physique et du moral de l'homme)一書中把笛卡兒的唯物論完成了。

笛卡兒的唯物論直到現在還存在於法國。他在機械的自然科學中是有很大的結果，在這裏，正確地且在散文的意義上來說，人們對於浪漫主義的非難會最少罷。

十七世紀的形而上學——在法國，特別是笛卡兒所代表的形而上學——從牠的誕生時起就有唯物論為牠的反對者。個人地，唯物論與在加森提(Gassendi)——愛皮苦爾(Epikur)的唯物論之復興者——的形態上的笛卡兒對立。法國的和英國的唯物論常與德謨克利特(Demokrit)及愛皮苦爾有一個密切的關係。英國的唯物論者霍布士是笛卡兒的形而上學之另一個反對者。加森提和霍布

192

士在死後許久，卽在他們的反對者當做公認的權力支配了一切的法國學派的時候，戰勝了這些反對者。

伏爾泰(Voltaire)說過：十八世紀的法國人對於Jesuit派及Jansen派的爭端之冷淡，與其說是爲哲學所引起的，不如說是爲洛（Law）的財政的思辨所引起的。這樣，人們可以從十八世紀的唯物論的理論來說明十七世紀的形而上學之沒落，只要可以從當時法國的生活之實際的形態來說明這個理論的運動自身。這個生活是向着直接的現在，現世的享樂及現在的利益，卽地上的世界的。牠的反神學的，反形而上學的，唯物論的實踐非得與反神學的，反形而上學的，唯物論的理論適應不可。形而上學實踐地失去了一切的信用。我們在這裏只須簡單地指示理論的途徑。

形而上學在十七世紀（人們想起笛卡兒，萊布尼茨等罷）還混雜了些實證的世俗的內容。牠在外觀上似乎是屬於牠的數學，物理學及別的精密的

193

科學中做成了許多的發見。在十八世紀的初頭,這個外觀已經消滅了。實證的科學已經從牠分離而形成了獨立的領域。正當實際的存在及地上的事物開始把一切的利害關係集中於自己的時候,全部形而上學的財富只存在於思想物及天上的事物中了。形而上學成了乾枯的東西了。在十七世紀的法國最後的偉大的形而上學者,馬爾布蘭施和亞爾諾爾(Arnauld)死了的同一年,黑爾惠修斯(Helvetius)和孔狄惹克(Condillac)誕生了。

理論地剝奪了十七世紀的形而上學及一切的形而上學的信用的人是皮愛爾貝爾・(Pierre Bayle)。他的武器是從形而上學的魔術的形式鍛鍊出來的懷疑主義。他自己最初是從笛卡兒的形而上學出發的。像費爾巴哈——因為他以為思辨哲學是神學底最後的支柱,又因為他使神學者不得不從虛飾的科學逃避到粗野的討厭的信仰,——因對於思辨的神學的鬪爭而推進到對於思辨的哲學的爭鬪一樣,宗教的懷疑也使得貝爾發展到對於支持這個信仰的形而上學的懷疑。因此,他在其全歷史的過程中把形而上學批判了。他成了寫牠的死之歷史的歷史家了。他特別是反對了斯賓諾莎和萊布尼茨。

貝爾不只是因把形而上學解體爲懷疑論替唯物論及常識的哲學準備了在法國的採用。他用如次的證明告知了反神的社會卽刻就會開始存在,卽這樣的證明:一個純粹反神論者的社會存在,反神論者是可以爲一個可尊敬的人,人類的墮落不是因爲反神論,而是因爲迷信及偶像崇拜。

借用一個法國的著作家的表現,則貝爾是"在十七世紀的意義上的最後的形而上學者,在十八世紀的意義上的最初的哲學家。"

除了對於十七世紀的形而上學及神學之消極的反駁以外,人們還需要一個積極的反形而上學的體系。人們需要一本書,把當時的生活的實踐形成體系而附以理論的基礎。洛克的"人類悟性起源論"好像被招待了一樣,從海峽的彼方來了。這本書像是等待了好久的上客一樣，受了熱烈的歡迎。

這裏有個疑問：洛克是不是斯賓諾莎的門徒？"世俗的"歷史會答覆罷；唯物論是大不列顛的嫡生子。牠的經院派學者 Duns Scotus 已經提起了這樣的問題："物質是否能夠思維？"……（註）

（註） 底下還有一段，恩格斯已引用在他的''史的唯物論''中了，這裏就把牠省略不再收錄。參看本書的附錄第三第一四六頁以下。

洛克的書對於法國人是怎樣的適逢其會，我們已經敍述過了。洛克建設了 bon sens 的哲學卽常識的哲學，這就是等於迂迴地說沒有把健全的人類的感覺和根據於此的悟性區別出來的哲學家。

洛克底直接的弟子及法國的翻譯者孔狄惹克卽刻把洛克的感覺主義對着十七世紀的形而上學了。他證明了法國人非難形而上學為想像力及神學的偏見之單純的產物是正當的。他公表了一個笛卡兒，斯賓諾莎，萊布尼茨和馬爾布蘭施底體系

196

之反駁。在他的著作"關於人類知覺底起源的論文"(L'essai sur l'origine des connaissances humaines)中詳述了洛克的思想,而且證明了不只是精神,就是感覺,不只是製造觀念的技術,就是感性的感覺之技術,也都是經驗和習慣的事實。所以人類的全發展是依屬於教育及外部的環境的。孔狄惹克因折衷主義的哲學才被迫逐於法國的學派外了。

法國的和英國的唯物論之不同是兩者國民性底不同。法國人給與了英國的唯物論以精神,肉與血,雄辯。他們給了牠以牠還缺少的氣質及優美。他們把牠文明化了。

在同樣是從洛克出發的黑爾惠修斯,唯物論接受了法國固有的性質。他卽在社會的生活之關聯上把握了唯物論。(黑爾惠修斯,人。)感性的性質及自愛,享樂及理解了的個人的利害是一切道德的基礎。人類的智慧之自然的平等,理性的進步與產業的進步間的統一,人類底自然的財產,教育

197

底萬能,這些是他的體系之主要的要素。

在拉梅特利的著作中,看得到笛卡兒的唯物論與英國的唯物論的合一。他利用笛卡兒的物理學到了個個的特殊點。他的人類機械 (l'homme machine) 是笛卡兒的動物機械 (Tier-Machine) 的完成。在荷爾巴哈 (Holbach) 的自然底體系 (Système de la Nature) 中,像道德的部分本質地是以黑爾惠修斯的道德論為基礎一樣,物理的部分同樣地是成立於法國的唯物論和英國的唯物論之結合。還是與形而上學結合着的,因此也為黑格爾所稱讚的法國的唯物論者洛畢勒 (Robinet) (關於自然, de la nature) 明顯地是與萊布尼茨有關係。

在我們證明了法國的唯物論底一方面從笛卡兒的物理學及他方面從英國的唯物論這個兩重的起源,又證明了法國的唯物論之對於十七世紀的形而上學的對立及對於笛卡兒,斯賓諾莎,馬爾布蘭施及萊布尼茨的形而上學的對立以後,我們就沒有論述伏爾勒 (Volney),丟皮易 (Dupuis) 及狄

198

德洛(Diderot)等的必要了,同樣也沒有論述重農學派的必要了。這個對立,要在德國人自己與思辨的形而上學對立了以後,才能對於他們明瞭起來。

像笛卡兒的唯物論成了獨特的自然科學一樣,法國的唯物論之另一個方向則直接地注入於社會主義及共產主義了。

要從根原的性質,人類底平等的智力,經驗,習慣及教育底萬能,外部環境對於人類的影響,產業底重要的意義,享樂底權利等這些唯物論的學說洞察牠與共產主義與社會主義的必然的關聯,是不需要什麼非常銳敏的觀察的。如果人類是從感覺世界及在感覺世界中的經驗形成一切的認識及感覺等,則這是很重要的,人類要把經驗的世界這樣地整理,好使他在這世界中經驗真的人類的東西,習慣於這世界,以致他把自己當做人類來經驗。如果共知的利害是一切道德的原理,則這是很重要的:人類底私的利害要與人類底利害一致。如果人在唯物論的意義上是不自由,即如果人不是因避免這個和那個消極的力量，而是因主張眞的個性的積極的力量得到自由，則我們不應以犯罪歸之於個人而罰他，應該破壞犯罪之反社會的發生地，而且要給與個人的本質的生活表現以充分的社會的餘地。如果人是爲環境所造成，則他就應該人類地造成環境。如果人性質上生來就是社會的，則他要在社會中才能發展他的眞的性質，而我們也不應從各個個人的力量，而應該從社會的力量來測量他的性質底力量。

就是在最古的法國的唯物論者中，我們可發見差不多字句都是一樣的這樣的及類似的句子。這裏不是批判牠的地方。顯著地表現了唯物論之社會主義的傾向的是曼德惠爾 (Mandeville)——洛克的舊的英國的學徒——的罪惡底辯護 (Apologie der Laster)。他證明罪惡在現在社會中是不可避免而且有益的。但這不是現在社會之辯護。

傅立葉 (Fourier) 是直接地從法國唯物論者底學說出發的。巴布服派 (Babouvisten) 是粗野的還沒文明了的唯物論者，但發展了的共產主義也是直接地從法國的唯物論來的，這個唯物論帶着黑爾惠修斯所給與牠的形態又復歸到牠的母國——英國去了。邊沁（Bentham）以黑爾惠修斯的道德為基礎，建設了他的理解了的利益底體系，像歐文（Owen）從邊沁的體系出發而建設了英國的共產主義一樣。追放到英國的法國人卡佩（Cabet）為英國的共產主義的思想所刺戟，又回到法國，成了最出名的（雖然是平凡的）共產主義的代表者了。比較更合於科學的法國的共產主義者，德查米（Dezamy），格易（Gay）等，像歐文一樣，以唯物論的學說為眞的人道主義的學說及共產主義底論理的基礎。……

註釋。法國唯物論與笛卡兒及洛克的關聯，十八世紀的哲學對於十七世紀的形而上學的對立，都在多數的新的法國哲學史中詳細地敍述了。在這裏，為要對抗批判的批判，我們只須把周知的事實再來重述一遍。反之,十八世紀的唯物論與十九世紀的英法的共產主義的關聯是需要更詳細的說明。我們只引用了荷爾巴哈,黑爾惠修斯及邊沁的兩三有特徵的地方。

1,黑爾惠修斯。"人類不是惡的,但依從於他的利害。所以人們不應嗟嘆人類的壞惡,而應嗟嘆立法者底無知,這些立法者是常把特殊的利益與普遍的利益對抗的。"——"道德家從來沒有過什麼結果,因為人們要裂去罪惡之創造的根源,就必須在立法中穿鑿。在新阿列安(Neu-Orleans)地方,婦人可以離棄她的丈夫,只要她一對於他的丈夫覺着厭惓。在這些地方,人們找不到虛偽的婦人,因為做一個虛偽的婦人於她們沒有什麼利益。"——"如果不與政治及立法結合,道德只是一個沒有意思的科學。"——"人們知道一個偽善的道德家,一方面在他用來觀察解體國家的罪惡的冷淡,他方面在他對於私人的罪惡的憤怒。"——"人生來不是善,也不是惡,但可以為善或可以為惡，看共同的利益是與他結合或與他分離。"——"像市民如不能成就一般的幸福，則也不能成就他的特殊的幸福一樣，除愚人外也沒有什麼罪人。"——(De l'esprit, 巴黎，一八二二年，一一七頁，二四〇頁，二九一頁，二九九頁，三五一頁，三六九頁及三三九頁。)——黑爾惠修斯的意思以為人類是為教育（他這個教育不只是有普通的意義，而是一個個人底生活關係之總體）所造成，如像這樣，如果為除去個人特殊的利害與共通的利害間的矛盾，需要改革的時候，則他方面為要貫徹這個改革還需要一個意識底變更："人們只因把人民對於舊法律及習慣的愚鈍的尊敬弱化，才能實現這個大的改革。"（二六〇頁）或者是像他在別處所說的一樣，除去人們的無知。

2，荷爾巴哈。"人在他所許量的對象中所看到的東西，只是他自己。人在他的種底存在中所愛好的東西，只是他自己。……人決不能與他自己分離，就是在他一生的任何瞬間；他自己不能離開他自己的視線。……使我們愛好或厭惡對象的，只是我們自己的利害關係。"（社會的體系，Système social, 第一部，巴黎一八二二年，八〇頁及一一二頁。）但是："人應該在自己的利害中愛好他人，因為他們對於他的生存是必要的。……道德給他證明了：在一切的存在中，對於人類最重要的東西是人類。"（七六頁）"真的道德和真的政治一樣，是使人類在意見上互相接近，以一致的努力來謀相互的幸福。把我們的利害從我們同類的利害分離出來的道德是虛偽的，無意義的，違反自然的道德。"（一一六頁）"愛好他人……等於把我們的利害與我們同類的利害結合而謀共同的功利。……道德只是結合在社會中的人類之功利。"（七七頁）"沒有熱情或沒有希望的人類就不是人類。……完全與自己分離了的人可以心服於他人嗎？對於一切都是無關心的，沒有熱情的，又自己滿足於自己的人不會再是一個社會的存在罷。……道德只是幸福底傳達。"（一〇八頁）"宗教的道德決不能把人

類更社會化。"(三六頁)

3，邊沁。我們只引用邊沁攻擊"在政治的意義上的一般的利害"的地方。"個人的利益應該對公共的利益讓步。但……這是什麽意思？每個個人不也和每個他人一樣，是全體底一部分嗎？使你人格化的公共的利益只是一個抽象的名詞：這只表示了個人的利益底集量。……如果犧牲一個人的幸福來增加他人的幸福是好，那末，第二個，第三個無制限地犧牲其幸福，還爲更好罷。……個人的利益是唯一的眞實的利益。"("Theorie der Strafen und der Belohnungen etc.", 巴黎一八三五年,第三版,二三〇頁。)

五

馬克思底唯物論與辯證法

恩格斯

馬克思底唯物論與辯證法 (註)

(註) 這是從馬克思的"經濟學批判"之評論（一八五九年）中抄錄出來的。恩格斯的這個評論發表於一八五九年在倫敦出版的德文雜誌"民衆"(Das Volk)。（後來又收錄於Drahn所編的恩格斯選集,維也納,一九二〇年）

……這個德意志的經濟學本質地是根基於歷史之唯物論的把握,這個史觀的特徵已經在上面所引的著作底序文中簡單地敍述了。這個序文的主要事項也已在"民衆"雜誌中發表過了。不但對於經濟學,對於一切歷史的科學（除自然科學外,一切的科學都是歷史的),這個命題是革命的發見:"物質的生活之生產方法規定社會的,政治的及精神的生活過程一般";出現於歷史中的一切社會的及政治的關係,一切宗教的及法律的體系,一切理論的觀念,都要在那個相應的時期之物質的生活條件理解了以後,才能理解,而前者又是從這些物質的條件誘導來的。"不是人底意識規定他的存在,倒是他的社會的存在規定他的意識。"這個命題是這樣的簡單,以致對於每個沒有中觀念論的毒的人都是自明的道理。但不只是對於理論,對於實踐事實也有最大的革命的關係:"在其發展的一定的階段上,社會底物質的生產力必會與牠本來在其中活動過的現存的生產關係,或者是只不過為牠的法律的表現的所有關係相衝突。這種種的關係從生產力底發展形態轉變為牠的桎梏。這時候,社會革命的時代要到來。同經濟的基礎底變動一起,巨大的上部構造也都緩徐地或急速地變革。……資產者的生產關係是社會的生產過程之最後

210

的敵對的形態，這所說的敵對的意義不是個人的敵對，而是從個人底社會的生活條件發生出來的敵對，但在資產者社會的懷裏發展的生產力同時又創成了解決這個敵對所必需的物質的條件。"這樣，我們的唯物論的主旨之更進一步的追溯及牠對於現代的應用給了我們一個對於偉大的，一切時代的最偉大的革命之預期。但更深入的觀察也指示了我們：人的意識依屬於他的存在，不是存在依屬於意識這個表面上是這樣簡單的命題同樣在牠的第一個結論上就直接地與一切的觀念論（就是最潛隱的）相衝突。關於歷史的事件之整個傳統的及習俗的見解都為牠所否定了。政治的批判之全部傳統的方法墮地了；愛國的義氣憤怒地與這樣無定見的見解抵抗了。因此，這個新的思想方法必然地不但要觸犯資產階級的代表者，且觸犯了法國的社會主義者，這些社會主義者是想用自由，博愛這樣的魔術形式來改進世界的。……

……自黑格爾死了以後，未曾有過一個在牠

固有的內在的關聯上發展科學的企圖。公認的黑格爾學派從祖師的辯證法只學得了最簡單不過的知識之操縱，他們把這些知識常以可笑的拙劣應用到一切的事物。黑格爾的全部遺產對於他們只是一個純粹的模型，用這個模型來構成一切的主題；又只是一個生字及用法的索隱，這個除了備需要的時期的考查以外，沒有別的目的，而在這裏是沒有思想及積極的知識的。所以終於成了這樣的情形，像一個Bonner的教授所說的一樣，這些黑格爾派什麼東西都不懂，但什麼東西都能寫。這自然也是這樣。因為這些先生們，雖然他們很自負，很知道他們的弱點，所以他們儘可能的避開大的問題。因對於積極的知識之思慮，舊的固陋的科學主張了牠的地盤；當費爾巴哈對思辨的概念發了警告的時候，黑格爾派就漸漸地頹衰了，而且好像舊形而上學的王國帶着牠的固定的範疇重新又在科學中開始了。

這些事實是有牠的自然的根據的。在黑格爾

的純是賣弄言辭的病狀的統治後，自然地接着來了一個時期，在這時期中，科學之積極的內容又戰勝了形式的方面。但同時德意志也用全力來從事自然科學，恰與一八四八年以來的資產階級的巨大的發展相對應。因這個自然科學的盛行（在這裏，思辨的傾向決不能適用），思維之舊形而上學的方式也墮到了極端的霍爾夫（Wolff）式的淺薄平板了。

黑格爾被忘却了，新的自然科學的唯物論發達了，這個唯物論與十八世紀的唯物論理論上差不多是沒有區別，而只是有了更豐富的自然科學的，特別是化學的及生理學的材料。還元到極端的平易，我們看到前康德時代的狹量的俗人之思維方法在畢希勒爾（Büchner），和格特（Vogt）及誓約了費爾巴哈的摩勒叔（Mo'eschott）以最愉快的方式騎乘於最簡單的範疇之間。資產階級的日常知識之強勁的貨車馬自然很迷惑地停足在一個濠溝之前，這個濠溝是把本質從現象，原因從結果分離的。但如果人們想在抽象的思維之很峭峻的地域追獵，則不應騎貨車馬。

這樣，這裏還有一個問題要解決，這問題是與經濟學沒有關係的。科學是應該怎樣去研究？在一方面，有黑格爾的辯證法，在他所留給牠的完全抽象的"思辨的"形態上；在他方面，有普通的，現在又在流行的，本質地是霍爾夫式的形而上學的方法，用這個方法資產階級的經濟學者也寫了不相聯貫的厚大的著作。這個霍爾夫式的方法被康德特別是被黑格爾理論地這樣地打破了，以致只有慣性及別的簡單的方法之缺乏才能使牠的實際的繼續存在成爲可能。他方面，黑格爾的方法在其現存的形式上是絕對不可用了。牠本質地是觀念論的，這裏是關於一個世界觀的發展，唯物論的是爲最早的。牠是從純粹的思維出發，而這裏是應從最強固的事實出發。一個方法，照牠自己的自認講，是"從無經過無到無" (Von nichts durch nichts zu nichts kam)的，這樣形式的方法在這裏是決沒有

214

地位的。雖然是這樣，牠還是一切現存的論理的資料中的唯一的一份，至少是可以聯繫起來的。牠沒有被批判過，也沒有被克服過；這個偉大的辯證家底反對者中，沒有一個能送一點破孔到牠的驕矜的建築中。牠被忘却了，因爲黑格爾學派不知道把牠怎樣着手才好。在一切事情中最重要的是把黑格爾的方法拿來決定地批判。

　　黑格爾的思維方法比其他一切哲學家的思維方法要優越的地方是爲牠的基礎的巨大的歷史的意義。形式是這樣抽象的和觀念論的，則他的思想發展也這樣的與世界史的發展平行，而世界史的發展本來只應是思想發展的證驗。雖然因此把正當的關係顛倒，而以頭頂地，然在這個哲學中到處都包含了眞實的內容。黑格爾也因此與他的學徒們有區別，他不像他們一樣，誇張自己的無知，他是一切時代的最有學識的頭腦。他是想在歷史中證示一個發展及內在的關聯的第一人。我們現在在他的歷史哲學中可以發見許多很珍奇的東西一樣，則他的偉大的根本思想自身在現在也還是值得注意的。在現象學，美學及哲學史中，到處都貫徹着宏大的歷史觀，而材料到處都是歷史地，在與歷史的一定的（雖然是抽象地顛倒了的）關聯上被研究。

這個劃時期的歷史觀是新的唯物論的思想之直接的理論的前提，而因此對於論理的方法也生出了一個結合點。如果這個被忘了的辯證法從"純粹的思維"之立脚點就已經達到了這樣的結果，加之牠與從前一切的論理學及形而上學斷絕了關係，則無論如何，牠是詭辯及曲論以上的東西。但這個方法底批判，一切官認的哲學從前不敢，現在還是不敢做的這個方法底批判，并不是什麼小事。

馬克思曾經是，現在也是能夠担任這個事業的唯一的人，從黑格爾的論理學攝取其精華，這精華是把黑格爾的實際的發見包括在這個範圍之內的，剥去辯證法的方法之同一的（觀念的）衣裳而恢復到簡純的形態，在這個形態上，牠是思想發展之唯一的正當的形式。辯證法是爲馬克思的經濟學批判之基礎，這方法的完成我們以爲是一個結果，且在意義上幷不弱於唯物論的根本思想。……

……這樣，只論理的研究方法成爲問題。但這個方法事實上不外是歷史的方法，剝去其歷史的形式及攪亂的偶然性。歷史所用以開始的地方，思想的進程也應以之開始，而思想進程底向前的進步也不外是這個映像，但爲實際的歷史的進程自身所給與的法則所修正，所以在牠的完全的成熟及優越之發達點上的每個契機都可以考察。

在這個方法，我們從歷史地且事實地擺在我們面前的最前的及最簡單的關係開始，所以這裏是要從我們所遇到的第一個經濟的關係出發的。我們分解這個關係。在這是一個關係這事中已經就包含了互相交涉的兩方面。這兩者的每個都可以單獨地來觀察；從這裏發生相互的交涉底樣式，牠的相互作用。牠自己會發生希求解決的矛盾。但因為我們在這裏不是論究只是在我們頭腦中能發生的抽象的思想過程，而是論究在某個時代實際地曾經發生過或還在發生的現實的過程，則這些矛盾也在實踐中發展，而蓋然地找到了牠的解決。我們將追究這個解決的樣式，於是知道牠要因一個新的關係之產生而遂行的，這個新關係之兩個對立的方面我們以後將要論究的。……

譯者後記

恩格斯的這本書在馬克思主義的哲學中是一本很重要的書。在這本書裏主要的幷不是敍述費爾巴哈的哲學，而是藉批判費爾巴哈的觀照的唯物論來確立馬克思主義的哲學——辯證法的唯物論。辯證法的唯物論不是突然從天上掉下來的，牠有牠之所以發生的社會的原因及哲學史上的發展的系統。這兩者都在這本書裏詳細地闡明了。尤其是歷史的發展的系統更可使我們明瞭這唯物論是從前一切哲學的發展道途上的必然的階段。

關於這點，恩格斯的確是正確地銳敏地捉住了中心而究明了。黑格爾——費爾巴哈——馬克思，這是哲學發展的一個連環，而費爾巴哈却做了這個連環的中心，所以恩格斯也特別標出他的思想而徹底地批判，且究明其對於前者和後者的關係。黑格爾是觀念論的哲學的集大成者，在這集大成中，固然他創成了偉大豐富的體系，但也包藏了使觀念論陷於窮途的不能解決的矛盾。這使得費爾巴哈不得不對於這觀念論體系宣告脫離而復歸到了唯物論。

可是費爾巴哈雖然是這樣，他一方面對於黑格爾只是簡單地排棄，而不能取其哲學之革命的方面——辯證法的方法；他方面因此他的唯物論也是不徹底的。他的不徹底是在他不知道這唯物論與自然科學的唯物論的關係，因此眩惑於唯物論這個名稱，在歷史的領域內仍就是不脫觀念論的窠臼，弄成一個"下半身是唯物論者，上半身却是觀念論者。"這點是費爾巴哈之所以爲從黑格爾到馬克思這個連環的中心的關鍵。

在費爾巴哈,"思維發生於存在,不是存在發生於思維";但在馬克思則發展爲"不是人的意識規定他的存在,倒是他的社會的存在規定他的意識。"這點是充分地表明了馬克思超越費爾巴哈前進而達到了史的唯物的根本原理了。

關於這些,在這本書內可以得到充分的理解,我們不必重述。讀過這本書後,黑格爾的辯證法是怎樣顛倒的,以頭立地的;而唯物的辯證法又是怎樣克服了這種矛盾而使牠再以脚立地;同時,費爾巴哈的唯物論怎樣是觀照的,是非實踐的,這些一切都能十分明瞭。譯者之所以翻譯這書,也是爲的使中國的讀者能理解辯證法的唯物論之根本原理,及牠在歷史的發展上是包有全哲學史的必然的發展階段。

翻譯是根據馬克思主義文庫第三篇德人董克耳博士所編的德文本,同時也參看了Austin Lewis的英譯本及佐野文夫的日譯本。董克耳的德文本,據我所知道的,是最完善的原本,日譯本也是根據這德文本的。這德文本之所以完善,不只是在原文的正確,編者所附的註釋也是很能幫助這書的理解而爲他本所無的。這是本書的特色之一。還有更重要的是收集了許多篇的附錄。這附錄中所收集的的確是一些重要的資料,使我們更能理解辯證法的唯物論的意義及其歷史發展的關係。這些資料都是馬克思和恩格斯底別的著作中關於這個問題的部分,現在把牠附在後頭,則我們可以不必去讀這些著作,而他們關於哲學的見解也可以知道,這是一個很省精力的經濟的辦法。

在這本書將要譯完的時候,林超眞先生的根據拉發格(Lafargue)的法譯本的譯文出版了(宗教・哲學・社會主義,滬濱書局出版)。雖然在譯時來不及對照,但後來拿來一讀,覺得這譯本的譯文確是很流暢可讀,這本恩格斯的名著在中國同時有兩種譯本行世,讀者儘可以在這兩譯本的對照中得着正確的理解了。

拉發格的法譯本與德文本不同的地方是第一沒有董克耳那樣詳細的註解，第二是沒有附錄（雖然也有費爾巴哈論綱及史的唯物論，其餘的就沒有了），但這些註解及附錄對於本書的理解是非常重要的。至兩種本子的內容大致差不多，只是法譯本沒有德文原本這樣正確及合乎科學的（Wisseuschaftlich），以致在兩種譯本上也可發見少許的差異，如語句的結構及名辭的中譯（如 Deuken 林譯為思想，本譯為思維，Seiu 林譯為真實，本譯為存在……等），但這些不必在此處詳說，讓讀者去自己理會好了。

末了，這樣的名著，譯者有不有翻譯的資格，譯者自己也不知道。不過翻譯外國文，總是一樁困難的工作，總免不了要有錯誤的。譯者所希望的是錯誤只是文字上的錯誤，而不是意義上的錯誤，致在一本書裏發見矛盾的見解。如果能這樣，則算是萬幸了。

10th, 12, 1929.